片づけられない自分がいますぐ変わる本

心理カウンセラー
大嶋信頼

あさ出版

はじめに

私には幼いころからずっと、「片づけられない」という悩みがありました。

母親からはいつも片づけができないから「だらしがない」と怒られていました。学校のカバンの中は手紙やテストがぐちゃぐちゃになって底にたまったままで、それを見た友達からはバカにされる始末。

集中力もなく、どこか自分に自信が持てず、おどおどしている毎日でした。

大人になっても、部屋はホコリだらけで散らかりっぱなしのまま。何度も何度も「片づけよう」とチャレンジするのですが、結局いつも集中力が続かず途中であきらめてしまう……。

何をやってもちっとも片づけられない自分は「なんてだらしない人間なんだ」、

そう思い続けてきました。

そんな私はある時、「催眠療法だったらなんとかしてくれる」と思って、催眠のお師匠さんに「片づけられるようになりたいんです。なんとか助けてくれませんか？」とお願いをしてみました。

お師匠さんは、私が「なぜ片づけられるようになりたいのか？」といった理由を一切聞くこともせず、「安心できる場所をイメージしてみてください」と低いトーンでやさしくおっしゃってくださいました。

「自分の部屋も片づけられないような私に、安心できる場所なんかあるのかな？」と首を傾げていたら、お師匠さんは、「どこでもいいんですよ。想像の世界でも、一度だけしか行ったことがない場所でも」とやさしい声で教えてくれました。

その時、私の心の中に浮かんできたのは、一度しか行ったことがない海の砂浜の風景でした。

「そこではどんな音がしますか？」

とお師匠さん。すると今度は砂浜に打ち寄せる波の音が聞こえてきます。

次いで、

「体ではどんな感覚が確かめられますか？」

とやさしい声に導かれた時に、やわらかな風を感じ、背中では砂浜に寝ころがった時の心地よい砂の感触を確かめることができました。

そうして私は次第に心地よい眠りのような感覚になっていったのです。


キラキラとした日の光、やさしくて温かい風、そして心地よい砂浜の感触と「ザブーン、ザブーン」と打ち寄せる波の音。

まさにそこは「私が安心できる場所」でした。


そんな心地よい気分に浸っていると、お師匠さんが「安心できる場所がイメージできたら軽く左手を握りしめてください」とおっしゃったので、私は軽く左手を握りしめます。

そして、「今度はこの安心できる感覚を握りしめながら、ちょっと〝嫌だな〟と感じるような場所に行ってみましょう」とおっしゃったので、私は言われるがままその場所を思い浮かべてみたのです。

私が「嫌だな」と感じる場所と思った時にすぐに浮かんできたのが「片づけができない私の部屋」でした。

その部屋は散らかり放題で、「片づけなければ」と思ってはいるものの、ちっとも動くことができずにいる自分がそこにいます。

私は安心できる感覚を握りしめて、外からその自分を眺めています。

片づけができなくて「いつまでたっても変われない」と嘆いている自分を安心できる感覚と共に眺めていると、あることに気づくのです。

なんでそんな居心地の悪いところでじっとしているの？
なんでそんなに自分はできないと思い込んでいるの？

「片づけができない」とか「変わることができない」と嘆いている時はちっとも気づかなかったのですが、安心できる感覚を握りしめながら自分を外から見た時に、はっきりと気づけたのです。

そして、あの安心できる感覚と共に、見えなかったものが見えてきます……。

どれほどの時間がたったのか定かではありませんが、お師匠さんの催眠から覚めた私は、どこかスッキリした気持ちで家に帰りました。

一人暮らしの暗いアパートに着いて、部屋の電気をつけると、蛍光灯の光が煌々《こうこう》と輝きます。

すると何を思ったのか私は「コンビニでマスクを買ってこよう」と再び外に飛び出します。

戻ってきたらさっそくマスクをつけて、机に散乱している書類や使わない資料をどんどんゴミ袋の中に捨てていく。

さらに、捨て始めたら、それまでたまっていた洗濯物を洗濯機に放り込んで洗濯機を回し始めます。

その洗濯機の心地よい音と共に、それまで「使うかもしれない」と思って取っておいたガラクタもゴミ箱へ。

「お〜、なんだかぽんぽん捨てられる〜」と眩《まぶ》しい蛍光灯の光の下で感動しますが、手が止まることはありません。

次は、雑巾を絞って、久しぶりに見ることができた机の上を拭くと、気持ちがいいほどホコリが取れます。

何度も雑巾を洗っては拭き、洗っては拭きを繰り返していると、やがて雑巾にはホコリがつかなくなってきました。

なので、今度はそのきれいになった雑巾で「床も！」と思い、拭き始めます。するとまた面白いほどホコリがくっついてくる。

「あー、これを吸い込んでいたからアレルギーがある私は体がだるくなって動けなくなっていたのね」

そんなことを考えながら、そのホコリを冷たい水で洗い流します。

さらに何度も何度も拭いているとやがて雑巾は床を拭いても真っ白なままになりました。

そして、たくさんのゴミ袋を玄関の外に出し、玄関まで雑巾で拭き掃除をして、雑巾をきれいにしたところで片づけ終了。

そうしてきれいさっぱり部屋を片づけた私は、マスクをとって床に寝ころび、大きく深呼吸をします。

すると、知らぬ間に涙が流れてきます。

これまで変われなかった自分が変われたことがうれしいからなのか、なんなのかよくわからないのですが、あの安心できる感覚と共に、涙が次から次へと溢れてくるのでした。

あの体験はいまでも私の心に残っています。

片づけって一体なんなのでしょうか?

この本は、これまで「片づけられない」「片づけられる」を繰り返してきた私が、同じような悩みを持つみなさんに、どうやったら片づけられるようになり、そしてダメだと思っている自分が変われるのかを、私の経験にもとづき書き記したものです。ですから、この本には、本屋さんにたくさん並ぶどの本とも違ったアプローチで、片づけられるようになる方法が書かれています。


ある人は本を開いて「まったく何言っちゃってるの？」と思うかもしれません。

逆にこの本を読んで「何をやってもダメだったのに不思議と片づけられるようになった」という人もいることでしょう。


私は片づけられるようになることで、それまで見えていた、そして現実となっていた「残念な未来」を「美しく輝く未来」に変えることができました。

そしていま、毎日を楽しく自信を持って過ごすことができています。

もしかしたら、私がお師匠さんの催眠にかかり、あの安心できる感覚と共に見ていたものはいまの（本来の）私の姿だったのかもしれません。

そして、こう思うのです。

片づけをやれば「いつでもあの安心できる感覚に戻ってこられる」と。

そんな片づけの不思議な力を、私はみなさんにこの本を通して味わっていただきたいと思っています。

そして、この本が一人でも多くの人の「きれいな部屋」と「本来の自分」を取り戻す一助となれたなら、こんなにうれしいことはありません。

さてみなさん、準備はよろしいでしょうか？

それではさっそく、部屋と心の片づけを始めていきましょう！

第2章 片づけられる自分に変わる方法

第3章 大嶋式ラクラク片づけメソッド

第4章 片づけで人生はこんなにも輝く

第1章

なぜ、あなたは片づけられない？

01

部屋が片づかないのは脳のバランスに問題があった

散らかりっぱなしは脳が優先順位をつけられないから

私が子どものころ、母親から片づけができないから「だらしがない」とよく怒られていました。「だらしない人は世の中に出たらバカにされるよ」とか「人から認められないダメ人間になるよ」といつも脅されるのですが、私はいざ「やろう」と思っても「ちっとも片づけられない」ということを繰り返していました。

成績がいい友達の家に行くと、「羨ましい」と思うぐらい部屋が整理整頓されていて、彼のノートを見ても、ものすごくきれいにまとめられています。

それに比べ私は、部屋はぐちゃぐちゃでノートもめちゃくちゃ。教科書を目の前にしたってすぐに気が散ってしまって10分以上集中することができません。いつもそんなふうなので、「自分は頭が悪いから片づけができないんだ」ということを信じて疑いませんでした。

しかし、大人になって心理学を勉強するようになると、「頭が悪いから片づけられないいんじゃないんだ！」ということがわかりました。

一般的には計算や記憶、物事を理解する力、というのが優れていると「頭がいい人」と思われます。このような人は知能テストなどでいうところの「**言語性知能**」が発達しています。

一方で、パズルを組み合わせるとか、優先順位をつけて仕事をこなす、ということが優れていると「優秀な人」と思われます。このような人は「**動作性知能**」というものが優れているのです。

この二つの知能のバランスが悪い状態、つまり、**どんなに「言語性知能」が高**

くても「動作性知能」が発達していないと優先順位がつけられなくて片づけられなくなってしまいます。

するとどうなるのか？

たとえば私の場合で言うと、単純に「片づけをやらなければ！」と思っていても、そこに雑誌が落ちていると「雑誌に対する興味」のほうが上回ってしまって「片づけ」ができなくなります。

このちょっとしたことで集中力が保てなくなってしまう状態が、まさに優先順位を自分の中でうまくつけられていない状態というわけです。

捨てられないのにいらないものまで買ってしまう

他には「**大切なものと捨てるものの優先順位**」**がつけられなくなってしまう**ということもあります。「いつか必要になるかも？」と思ってしまい、ゴミのようなものでも「捨てられない」という人がそれです。必要なもの、不必要なものの仕分けができないのも動作性知能のバランスが悪く、ものがみんな同じような価値に見えてしまって、捨てられなくなっているのです。

これも私の場合ですが、汚い部屋だと何もできないから、「今日こそは」と気合を入れて片づけようとしていても、急に捨てるべきかどうするか悩んでいたゲーム機をテレビにつなげて遊んでしまい、「あーあ、今日も片づけられなかった」という感じになってしまいます。

自分の中では「捨てるかどうかを判断するためにちょっとゲームの内容を確かめてみよう」と思っているだけなのに……。本当に「ちょっと」のつもりなのですが、脳が優先順位をつけられず、いつの間にかゲームが自分の中で優先になって、ゲーム以外何もできなくなってしまうのです。

買い物に行ったら必要なもの以外も買ってしまう。これも優先順位がつけられないから起こってしまうことです。

「これも必要かも？　あれも必要かも？」という感じでものを買い、ついでに100円ショップに寄ってガラクタのようなものまで買ってしまう。そのあげく、ものがどんどん部屋の中にあふれてしまい、さらにひどくなると「不必要なものを捨てる」ということもできず、どんどんどんどんものが増えていくばかり。

これらは知能のバランスの問題なので、**いくら親が「優先順位をしっかり決めなさい」と怒鳴りつけても、まったく意味がありません。**怒られても優先順位を判断しようとすると脳は勉強したことがない化学記号を読んでいるみたいな感じで「ちんぷんかんぷん」な状態になってしまいます。

たとえ「いらないものを分別してみましょう」と優しく言われたとしても、脳が「全部いるもの」と自動的に判断してしまうので、同じことです。

無理にバランスを取り戻そうとするのは危険

このような状態の人は、片づけられないのですから当然掃除もできません。部屋にホコリがたまっているのを見て「あー、汚いな」というところまでは気がつけても、優先順位が頭の中で決められないから「掃除をしよう」ということにはなりません。むしろダラダラするほうの優先順位が上となってしまって、周りの人から「汚い」と怒られても、「気持ちが掃除に向かない」という感じになってしまいます。

水垢がついたシンクとか蛇口なども「きれいにしたほうが気持ちがいいでしょ！」というのはわかっているけれども「やれない」。これも脳内の優先順位の問題だったりするのです。

この動作性知能のバランスに問題がある場合は「自分で考えて行動する」ということが困難になります。それを**無理矢理やらせようとすると、かえって気持ちが落ち込んでしまったり、むしゃくしゃして気分が不安定になってしまったりするような心の不具合が起きてしまうこともあるので注意が必要**です。

02

自己免疫が暴走すると部屋も散らかったまま

自己免疫が片づけの邪魔をする？

私は子どものころから「花粉症」で苦しんできました。そして、なんで自分だけこんなに鼻水が出てきて苦しいのだろう？　と悩んでもきました。

でも、最近になって「あっ、自己免疫が暴走しているから風邪のような症状になるんだ！」ということを知りました。

風邪の場合、体に悪影響を及ぼすウイルスを「排除しろ」と自己免疫が一生懸命に働いているから、鼻水やくしゃみで「ウイルスよ、出て行け！」とやっているわけです。熱を上げてウイルスを退治しようとしたりすると「だるい～」「苦しい〜」となるのですが、これは全て自分を守るために自己免疫がやってくれていること。花粉ってウイルスとは違って本来は体には害がないものなのに「ウイルスと同じじゃ〜！」と自己免疫が暴走してしまうと「風邪のような症状になって苦しいよ〜！」となってしまうのです。

私の場合は、自己免疫がさらに暴走して「ホコリも毒じゃ〜！」という感じになってしまいました。机にたまってしまったホコリをちょっとでも吸ってしまうと**自己免疫が暴走して、だるくて動けなくなっていた**のです。だから余計に「片づけができない」となって、部屋が散らかりっぱなしになる。つまり、

ちょっとでもモノを動かすとホコリが舞う

↓

ホコリを吸い込むとだるくなる

↓

結果、「散らかった部屋に対して何もする気になれない」

となるわけです。

免疫が暴走してダメ出しが止まらない

そんなことになっているなどと知らなかった私は、「なんて、自分はだらしがなくて汚い人間なんだ」と自分を責めて惨めな気持ちになったりしていました。そして、決まって「ちょっと片づければいいだけなのになんでやらないの？」と自分に対するダメ出しが止まらなくなるのです。

実は、このダメ出しも「自己免疫の暴走」で起こったりします。自己免疫は暴走すると正常な体の細胞も攻撃してしまいます。その自己免疫が正常な細胞を攻撃している時に、頭の中のダメ出しは止まらなくなります。

自分に対してダメ出しをしたら「片づけができるようになるんじゃない？」と普通だったら思いますよね。「なんでちゃんと片づけられないんだ！」と自分を責めることで奮い立たせて片づけができるようになる、というイメージです。

でも実際は違います。ダメ出しをされたら普通だったら改心して動けるはずが

「どんどん動けなくなる！」というのは、自己免疫のせいでもあり、正常細胞がどんどんダメージを受け、疲れてしまうからでもあるのです（もちろんこれだけではありませんが）。

そして「疲れた～」と言いながら何もしない自分にイライラしてしまうと、そのイライラで体内に炎症物質というものが発生し、それに刺激されて自己免疫が「攻撃しろ～！」とますます暴れだし、体にダメージを与え続けてしまいます。

このように片づけができなくてイライラしたり、自分を責めたりすると、よけいに片づけができなくなるという悪循環に陥ってしまうのです。まさに泥沼状態ですね。

ただ、自己免疫が暴走しなくなると「あれ？　淡々と片づけができるようになった」という感じで、不思議なくらいポンポンとそれまで捨てられなかったものを捨てられるようになります。

それはもう、「え？　ものが捨てられなかったのにはこんなにも自己免疫が関係していたの？」とびっくりするほどです。

03

完璧に片づけようとしていつまでも放置してしまうのはなぜ？

「ひとつでもできない！」となれば動けない？

「あなたは、何もしない完璧主義者」という言葉をある人から言われて「本当に自分はそうだな」と思ってしまったことがありました。「汚い部屋をきれいにしたい！」と思うのに実際に行動しないというのもまさにそれだと。なぜなら、やるのだったら完璧にやりたいから「あれも、これもやらなきゃいけないよな」と頭の中の片づけの作業量が多すぎて、「そんなのいますぐやるのは無理！」という感じになってしまうからです。

たとえば、読んでいない本がたくさんあって「必要な本といらない本を選別する」ということを考えてしまうと、「本を開いて内容をちゃんと確かめないと無理」となります。もし、後で必要になる本があったら？　と考えてしまったら、チェックなしでは捨てられない。これは優先順位がつけられないからですが、結局完璧にできないならやらないとなります。

さらに、選別した本を捨てるのはもったいないから、古本屋さんに持って行かなきゃ、ということを考えるだけでもめんどうくさくなってしまって「今はできない」となります。本が片づかなければ、部屋の掃除ができない。すると本の上にホコリが堆積し、自己免疫のせいで動かせないとなります。

だから、まずは本を仕分けして、いらない本を売って、ということをやらなければならない、と頭の中で計画しているだけ疲れてしまう……。

結果的にいつまでたっても考えているだけで部屋がちっとも片づかない。

これが私のいつものパターンです。

「完璧にできない」と頭で考え、疲れてしまい、いつまでも部屋は汚いままとなってしまうわけです。

完璧主義者は嫉妬を受けやすい

そんな私ですが、ある時、急に片づけができるようになるという不思議な体験をしたことがあります。それは大学時代の話で、実家から離れて母親の意識が届かないところに住んだら、どんどん片づけられるようになったのです。

本とか、それまで捨てられなかったものもバンバン捨てることができるようになって、部屋は「ムダなものが一切ない」シンプルな空間になりました。

さらに自分が理想としていたような、絨毯の目がきれいにそろっていて、人が歩いた跡がわかる、というぐらいに、部屋をきれいにすることまでできてしまいました。

この経験は一時的なものでしたが、大人になって「なんで実家にいる時はできなかったんだろう？」と考えた時に、「脳のネットワーク」と「嫉妬」ということが自分の中でつながりました。

私の母親も「ものを捨てるのが苦手」だったので、私の家の中はいつもものでであふれていました。そんな家の中で私が「母親よりも部屋を完璧にきれいにしよう」とすればするほど、その意志は母親に言葉で直接伝えなくても、無線ＬＡＮのような脳のネットワークで伝わってしまいます。

すると母親は「私よりもきれいにするなんてずるい！」と嫉妬の発作を起こします。嫉妬の発作って脳内の電流が「ビビビッ！」と過剰に発電しているような状態ですから、それが脳のネットワークで私に伝わってきて「ビビビッ！」と母親の嫉妬の電流に感電してしまいます。

このようにして私は、脳のネットワークで嫉妬に感電した時に「めんどうくさい」という思考状態になり、「片づけができない」となっていたわけです。

これが、母親から離れてしまえば「脳のネットワーク圏外」になったような感じで「嫉妬の電流」が飛んでこなくなります。

だから「完璧に掃除をしよう」と思っても「めんどうくさい」という感じにならなくて自分の理想の部屋にすることができてしまったのです。

04

常に緊張しているといざ片づけようという時にやる気が起きない

緊張のホルモンとやる気の関係

これまで、片づけられる、片づけられないを繰り返してきた私は、「緊張の高い人」と「リラックスしている人」のどちらが片づけが得意なのだろう？　と考えたことがあります。

その時の私は、緊張が高い人のほうが「片づけなきゃ！」といつも気にしてしまうようなイメージがあって「片づけが得意なのでは？」と思っていました。

でも、ふっと自分を振り返った時に「あれ？　自分は緊張感がバリバリ高いのにどうして片づけができないんだ？」と不思議に思ったのです。

いつも「いらないものを捨てなきゃ」とか「片づけなきゃ」と思っているのにちっともやらないのはなぜだろう。緊張が高いから、たぶん他の人以上に片づけのことを考えているはずなのに、実際はどんどんものがたまって捨てることも片づけることもできないのです。

少し難しい話になりますが、緊張している時には緊張のホルモンが分泌されます。緊張のホルモンが分泌されると心拍数などが上がって、脂肪からエネルギーが放出され筋肉の素早さを増加させます。だから本来ならば「片づけられるぞ！」となるはずなのです。ところが私はいつも、いざ片づけようとすると、「あれ？　ちっとも力が入らない」とだるく疲れた感じになり、「めんどうくさい」と投げ出してしまっていました。

そこで緊張のホルモンの実験をしてみることにしたのです。

「片づけなきゃ」という時は「ストレス状態」ですから、本来は緊張のホルモンが分泌されなければならないはず。

実験では「ファー！」と爆音を出すエアーホーンを「片づけなきゃ」というス

トレスの代わりにして聞いてみて、その時に緊張のホルモンの数値が上がるのか？　と試してみました。すると不思議なことに、ストレスになる音を聞いた直後にホルモンの数値が下がっているのです。

私と同じように普段緊張しがちな人で試してもらっても同じ結果がでました。常識では、ストレスを感じたら、緊張のホルモンが分泌されなければいけないのに、逆にホルモンの数値が普段よりも低くなってしまう。

つまり、**普段の緊張が高いと、いざ「片づけなきゃ」というストレスがかかった時に、逆に緊張のホルモンが分泌されなくて下がってしまい動けなくなる**ということが実験で見えてきたのです。

ダメダメ意識が常に緊張を生み出している

普段から頭の中で「あれもできていない」、「あんなこともやっていない」、「どうしてちゃんとやれなかったんだ」と自分へのダメ出しが渦巻いていると、**頭の中は「いつも緊張のホルモンを自家発電している」という状態**になります。

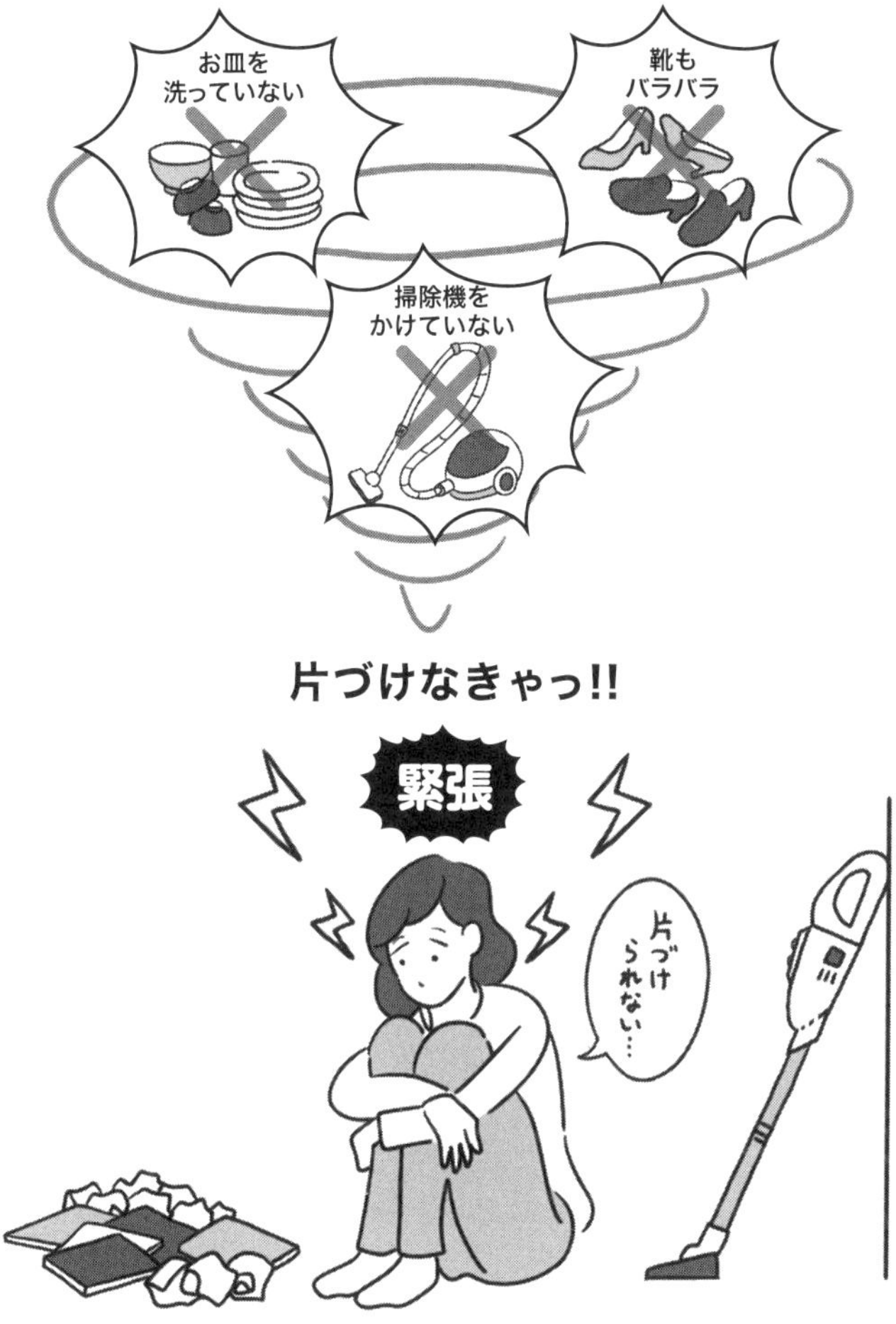
お皿を
洗っていない
靴も
バラバラ
掃除機を
かけていない
片づけなきゃっ!!
緊張
片づけ
られない…

そんな時に、頭の中のダメ出しのようなストレス刺激ではなくて、「片づけるぞ！」と本物のストレス刺激がくると、体の中では「これから本格的にストレスホルモンが分泌されるぞ！」と用意をします。

その用意とは、緊張のホルモンが上がり過ぎないように緊張のホルモンを抑えるホルモンが分泌されること。

その緊張のホルモンを抑えるホルモンが、普段からの高い緊張のせいで大量に分泌されてしまいます。すると、「あーあ、緊張のホルモンがものすごく抑えられちゃった！」と普段よりも緊張のホルモンの値が下がってしまって力が入らなくなり、注意力、集中力、記憶力も下がって、「ちっとも片づけが進まない」と何もできない状態になってしまうのです。

05

孤独な人は片づけが苦手？

何もやる気が起きない学習性無力感

インターネットで動画をだらだらと見ているつもりでも、気づけば時間があっという間に過ぎてています。

ところが「部屋を片づけよう」とか「ものを整理しよう」とする時にちっとも集中できず、今度は時間だけがだらだらと流れていきます。

部屋を片づけるなど生産的なことをしようとすると、いつもすぐに疲れてしまって、それでも頑張ってちょっとでもものを整理し始めたら「はーあ」と大きなため息が出てきてしまう。そして、まだ何も手をつけていないのに「ものすごく疲れた感じがして、もうやりたくない」と力が入らなくなる。

この状態を「**学習性無力感**」と言います。

心理学研究で、檻に入れられた犬がちょっとでも頭を動かすと「電気ショックを受ける」という動物実験があります。この実験で犬は、**何度も電気ショックを受けていると、次第に「何をやってもムダだ」と学習してしまいます**。すると檻から逃げられる状態になっても、「また電気ショックを受ける」と思ってしまい、「学習性無力感」の状態になって逃げることをしなくなるのです。


私は子どものころ、ずっと親から「なんであんたはちゃんと片づけられないの！」と毎日のように怒鳴りつけられ、ストレスを与え続けられてきました。

「怒られない日はない！」というのが私の子どものころの記憶。食卓でも父親の会社がうまくいかなくていつもイライラしている緊張感が漂っていて、その緊張を少しでも和らげようと私がおちゃらけた話をすると、イライラした父親に「勉強はちっとも真剣にやらないくせに何をくだらないことを言っているんだ！」と怒鳴りつけられ、殴られて、という最悪の事態になっていました。

何をやっても、それがたとえ生産的なことであっても、私は常に「親からのダメ出し」という電気ショックを「ビビビッ！」と受け続けていたわけです。

だから大人になっても「片づけをしよう」とか「ものを整理しよう」などと生産的なことをしようとした時に学習性無力感の状態になってしまい「疲れたー」と何もしていないのに、ものすごい疲弊感に襲われてしまうのです。

孤独と無力感の関係

孤独がこの学習性無力感を生んでしまうこともあります。

普通の人は「片づけられないぐらいで悩む必要はないんじゃない？」と思うでしょう。「そんなに大した悩みじゃないし、そんなに悩むぐらいだったら片づけたらいいじゃない！」って。

この「**わかってもらえない**」とか「**誰からも理解されない**」という孤独が脳内に「**ビビビッ！**」**と感情的な電流を発生させてしまい、その電流で発作を起こしてしまう**こともあります。

そうすると、先ほど説明した檻から逃げられる状態になっているのに、逃げられない犬のように「何をやってもムダだ」と「学習性無力感」の状態になってしまいます。

部屋が散らかっていて「片づけなきゃ！」と思うと、「私だけ汚い部屋に住んでいる」という孤独で脳内では「ビビビッ！」という電気ショックが発生して「チーン」という無力感を感じてしまうのは、長年孤独の「ビビビッ！」を繰り返し受けているから。

幼いころから「どうしてあんたは他の子と同じように片づけられないの！」と怒られたとすれば「他の子と違う」という〝孤独〟で脳内の電気ショックが発生してしまい「ビビビッ！」と固まってしまいます。

普通の子どもなら「だったら片づける！」となるはずが、何度も〝孤独〟の電気ショックを与えられ続けていると「学習性無力感」の状態になっているため、その場で固まってしまうということもあるのです。

「誰もわかってくれない」

学習性無力感

たとえば学校の机の中に提出していないプリントがしわくちゃになっていると「みんなと違うだらしない自分」という〝孤独〟で「ビビビッ！」と電気ショックが発生し、「プリントを捨てることができない」という状態になります。

そして、それを友達に見つかってしまって「こいつの机は汚い！」と言われてしまったら、さらに〝孤独〟で電気ショックを受けてしまい、ますます「学習性無力感」の状態になり、片づけられなくなってしまいます。

また、大人になって部屋にホコリがたまっているのを見た時に「こんなホコリっぽい部屋に住んでいるだらしない人間は私だけ」と思ってしまったら、「ビビビッ！」となり「掃除機をかけることがめんどうくさい」となります。

つまり、「めんどうくさくて、やりたくない」と思っている時は、脳内が電気ショックで「学習性無力感」の状態になっているわけです。

そして「私だけ片づけられない」と部屋を眺めた時にまた〝孤独〟を感じてしまうと、「ビビビッ！」と発作が起き、「学習性無力感」の状態をさらに強くしてしまうのです。

06

トラウマが片づけの邪魔をする

心の傷ですっぽり記憶が抜ける

私は自分を責めることで特徴的な遺伝子のスイッチが入ってしまって自分を苦しめていました。でも、なんで自分を責める癖がついていたのだろう？　とふと考えてしまいます。

そもそも私が強迫性パーソナリティー障害で自分を責める性質があるからなのかも？　とも考えられるのですが、よくよく考えてみるとそれだけではなく、私の場合は「心の傷（トラウマ）」も関係していました。

私が3歳のころに、父親の会社が倒産しそうになってしまったことがあります。

その時父親は、車の助手席に母親を、そして後部座席に私を乗せて「ドライブに行こう」と言いながら一家心中を図ったことがあったようなのです。そんな時に3歳の私が「自殺をしたら地獄に行っちゃうんだよね？」と父親に質問をしたそうで、熱心なキリスト教信者だった両親は、その言葉で「はっ！」と我に返って自殺を思いとどまった、というのがいまでも我が家の語り草となっています。

でも、私にはまったくその記憶がありません。

それどころか、そのころの記憶がすっぽり私の中から抜けている……。この**記憶からすっぽり抜けてしまう状態が心の傷、トラウマ**なのです。

脳は記憶というものを「感情記憶」と「状況記憶」のセットで引き出しにしまっています。この場合で言うと「感情記憶」は「死の恐怖」で「状況記憶」は「一家心中の場面」となります。

トラウマはあまりにもショックな体験なのでこの「感情記憶」と「状況記憶」がバラバラにしまわれてしまいます。

それぞれの記憶がバラバラになってしまったら、適切に脳に記憶として整理されなくなってしまい、結果「記憶にない！」となるのです。

ただ、バラバラにしまわれても「感情記憶」だけはしっかりと残っていて、一家心中の時の「死の恐怖」というのがことあるごとに襲ってきます。

しかし、「死の恐怖」の原因になっている、一家心中の場面の「状況記憶」が私の中でセットになっていないので、その恐怖が襲ってきた時に、私の脳は、適当に目の前のことに結びつけて「自分は片づけができないダメ人間だから死の恐怖を感じている」という解釈をしてしまい、結果「自分を責める」ことが癖になってしまうのです。

ここで問題なのは「死の恐怖」は、いくら自分を「片づけができないダメ人間」と責めたって消えないということです。なぜなら、その「死の恐怖」のオリジナルの「経済的な理由で一家心中にて殺されそうになった」という記憶そのものがないからです。ですからいくら打ち消そうとしてもうまく消えず、死の恐怖だけが何度も繰り返し襲ってくるわけです。

そうして、死の恐怖を繰り返し浴びていると、そのうち学習性無力感の状態になってしまいます。ただそんな無力の状態になっても、トラウマの恐怖は襲ってきます。そして、「片づけをしているどころじゃない」という感覚になってしまうのです。

片づけは記憶を整理すること

片づけられない人が自分にトラウマがあるのかどうかを簡単に確かめられる方法があります。それは「いまの部屋が片づいてきれいになった状態を想像できるか？」ということです。

「いくら想像をしようとしてもちっとも片づいてきれいになった部屋が出てこない！」となったら、「もしかして記憶から抜けてしまっている心の傷があるのかも？」ということを疑いましょう。

これは後に説明しますが、**片づけには記憶を整理する、という意味があったりします**。いらないものを捨てて、必要なものをきちんと本棚や引き出しにしまっていくみたいな感じです。

もし、イメージでも片づけができない、というようならば、それは「記憶を整理したくない」→「トラウマと向き合うのが怖い」と心のどこかで感じている可能性があります。一気に片づけてしまったら、心の準備ができていないのに、自分の心の傷に触れてしまうかもしれない、という恐怖がそこにある。だから「片づいた部屋がイメージができない」となってしまうのです。

でも、逆に考えてみると「コツコツと片づけをして記憶を整理していくと、自分の記憶から抜けていた片づけができない原因が見つかるかも！」ということにもなります。

ただ注意したいのは、**心の底から「片づいた部屋をイメージするのが怖い」という場合は、無理をしない**こと。そんな時は専門家と一緒に記憶の整理をすることをおすすめします。

第2章

片づけられる自分に変わる方法

07

自分を責めずに尊敬すれば部屋は片づく

完璧主義でまじめすぎは強迫性パーソナリティ障害

ここからは「片づけられない私」が、あれこれためしたり、考えたりして、「片づけられる」ようになった方法を紹介していきたいと思います。

私は変なところが完璧主義だったりします。

机にのっているティッシュペーパーの箱が斜めになっていると「直したい！」とまっすぐにしたくなります。携帯電話の画面にちょっとでも傷がついていると「もう嫌だ！」とそれが気になって仕方がなくなります。

それなのになぜか机の上がぐちゃぐちゃで片づいていない……。

「ちょっとまがったものでも気になってしまうような完璧主義なら片づけられるはずでしょ！」と他の人は私のことを見て思います。

でも、実際は「散らかっていて嫌だな」と思いながらも「片づけができない」という不自由な感じになってしまうのです。それは「完璧主義でまじめすぎる」というのが原因です。

私の場合、この完璧主義でまじめすぎることを「強迫性パーソナリティー障害」であると認識しています。

強迫性パーソナリティー障害の特徴には「人に任せることができない」とか「頑固で妥協ができない」や「価値のないガラクタでも捨てることができない」というものがあります。その上で私のことを振り返ってみると……。

私には「将来の困ったことに役立てようとついケチってしまう」ところがあり、そのため融通が利かず、自分の間違いに対して批判的です。

また、「規則や手順などの細かいことに注意を払ってしまって、いつの間にか目的を見失う」というところもあります。だから「計画を完遂できず、締め切りなどに間に合わない」となってしまいます。

このように私の場合、強迫性パーソナリティー障害の特徴がきれいに当てはまってしまうので「あっ、自分ってそうなんだな」と素直に受け入れられてしまうわけです。

そして、いまではこの強迫性パーソナリティー障害の遺伝子もたくさん見つかって、研究も進んでいることから「遺伝だからしょうがないんだ！」と思えてしまうのです。

自分を責めなくなると片づけもできるようになる

私には兄がいて、そして私が男子として生まれているので「父方の遺伝子」を濃く受け継いでいます。父方の祖父は汽車や電車のエンジニアで、父親もエンジニアでした。そして、お互い「細かい仕事が好き」という特徴があり、「それを遺伝的に受け継いでいるんだな」ということがわかります。

でも、不思議だったのが「遺伝的に強迫性パーソナリティー障害だから仕方がないんだ」と気づいてしまったら、「あれ？　細かいことにこだわらないでさっさと仕事を進められるようになったぞ！」と締め切りを守れるようになってきたのです。

そうなると「いつか使うかもしれないから捨てられない！」と思っていたものも「あれ？　どんどん捨てられる！」という具合になります。

気がつけば、中途半端にやるのが嫌だ、と動けなかったものが「できるところまでやればいい！」となり、いつの間にか短時間で片づけができるようになっていました。

なぜ自分の片づけられない原因が「強迫性パーソナリティー障害だ」とわかっただけで片づけられるようになったのかを考えてみたら、「自分を責めなくなったからだ」ということがわかってきます。

「遺伝的な特徴なんだ」と知らなかった時は「なんて自分はダメな人間だろう」と一時間に10回ぐらい自分にダメ出しをしていました。

多い時では、毎分自分にダメ出しをしているので一時間に60回以上。いま考えると恐ろしい回数です。

遺伝子には「ダメ出しをするとスイッチが入って遺伝子の特徴が濃く出る！」という性質があります。

その**スイッチをオフにするのは「尊敬」**です。「こんな遺伝子の特徴がありながらよくやってきたよね」と自分をほめて尊敬してあげたら「あれ？　真面目で強迫的な遺伝子のスイッチがオフになった！」という感じで「できない！」とか「ちっとも前に進まない！」というようなことがなくなり、自由に動け、てきぱきと片づけができてしまうのです。

片づけ自体は完璧にするのではなくて、適当にやりながらも、コツコツと積み重ねていくのがおすすめです。すると、どんどん部屋がシンプルになって心地いい部屋になっていきます。

そして、さらに自分のことが尊敬できるようになり、自分を苦しめていた遺伝子のスイッチがもっとオフになって「片づけられない」という悪夢から解放されていきます。

コツコツやって自分をほめる

08

ダメ出しをやめるだけで片づけが楽しくなる

ダメ出ししてもやる気は起きない

ある時、職場にきた新人さんが「私、ほめられると伸びるタイプなんです」と上司に言っていて「すごいな！」と感心したことがあります。

私が働き始めたころは、上司から叱られ、怒鳴りつけられても「しっかりやらなきゃ！」といった具合で、ほめられたことなど一度もありませんでした。

さらに私には、親からも職場の上司からも常にダメ出しをされていて「ダメ出しで成長してきた」という感覚があったので、「ダメ出ししなければ成長しないでしょ！」と、その新人さんを見ていました。

しかし、実際に一緒に働きながら、「これは、このようにしないとダメでしょ！」と新人さんにダメ出しをすると「あれ？　どんどん仕事ができなくなっていく」となってしまいます。

ダメ出しをすればするほど、まるで引き算のように、どんどん新人さんの能力が引かれて、最終的にはマイナス状態になってしまう。それはまるで何もわからない小学生のようで「これまで何を勉強してきたの？」という印象を持ってしまうほどでした。

そこで今度は「ダメ出しはしない！」と決めて、新人さんが言っていたように「ほめる！」ということを実践してみました。「そのやり方いいよ」とか「よくできているね」とほめていくと、今度は足し算になってどんどん学習しているではないですか。その変わりぶりには本当にびっくりでした。

つまり、ダメ出しで人は成長する、という私の認識が間違っていたわけです。

そして、そんな新人さんを見て私は「自分にいつもダメ出しをしているから片づけができないのかも？」と考えたのです。

「また、私はちゃんと片づけてないよ！」と散らかっている部屋を見るたびにダメ出しをしていたのは「さあ！　片づけろ！」と自分に気合を入れるため。

「なんで自分はいつまでもやらないんだろう？」とか「どうしてこんなにだらしないの？」とダメ出しをしていたのは、悔しくなって自分が奮起してくれる、と思ってやっていたのかも？

でも、実際は違うのではないか？

緊張のホルモンを抑える

そこで私は、自分にダメ出しをしそう、と思った時に「ダメ出しはしない！」と意識してみました。

すると「むずむず」と居ても立ってもいられない感じがしてきます。いつもだったら「仕事で疲れているからだるくて片づけなんかできない」と思いながら「すぐ言い訳をしてやらない」とダメ出しをしていたのに、「ダメ出しをしない！」としてみたら「なんだか片づけたくなってきた」のです。

そして、「ダメ出しをしないだけでいいんだ！」と思ったら、立ち上がって、コツコツとものを捨てたり、ホコリを雑巾で拭いたりしている……。

「あれ？　これってどうして？」と思った時に「ダメ出しをすればするほど緊張のホルモンが分泌されている」ということを思い出しました。

緊張のホルモンの話は第1章でしたとおり。**緊張の連続は他の楽しみや想像力を感じられるようになるホルモンの分泌を抑えてしまいます。**

私が家で母親にダメ出しをされていた時は「ちっとも楽しくないし、想像力なんか働かない！」となっていました。ダメ出しをして緊張のホルモンを分泌させればさせるほど「想像力のホルモン」の分泌が抑えられ、「どう片づけたらいいのかがわからない！」となってしまっていたのです。

「どこから手をつけたらいいのかわからない」というのも、想像力のホルモンが緊張のホルモンで邪魔されているからでした。

逆に「ダメ出しをしない！」としただけでも「片づけたい」という気持ちがわいてくるのは、ダメ出しをしないことで緊張のホルモンが薄まっていき、想像力のホルモンが分泌されてきたからです。

さらに、片づけていると「気持ちがいい！」と感じられるのは「楽しみのホルモン」がちゃんと分泌されるようになったから。

こうしてダメ出しをしなくなってから、「自分はホルモンの使い方を間違っていただけなんだ！」と気づくことができ、ちょっと嬉しくなりました。

ダメ出しをすればするほど自分は磨かれて、たくましくなって、「なんでも意志の力で実行できる」と思っていたことが実は間違いで、**ダメ出しをしないほうが、どんどん意志の力が強くなっていき、どんどん片づけるのが楽しくなり、きれいな部屋で「気持ちがいい！」と感じるのが好きになっていきます。**

自分の中でまたダメ出しがしたくなったら「ダメ出しはしない！」と自分でその思考を切ってみる。すると、ちゃんと頭が働くようになり、自分が理想としていた行動ができるように変わっていけるのです。

「片づけられない!!」

「片づけって気持ちいい!!」

09

ものを捨てることは記憶の整理になる

ものには記憶が宿っている

携帯電話を買った時の箱や袋が「いつか使うかもしれない」と捨てられない。

「もう読まないでしょ」とたぶん他人が見たら思うような本も「いつかその中に書いてあることが必要になるかもしれない」となって捨てられない。

そんなものが部屋にたくさんあって散らばっているから「ちっとも部屋が片づけられない」。

そして、本当は捨てようとしたのにちょっと違う場所に移動するだけになってしまう。

こんな理由でなかなか片づかないというのは、単純に考えれば「貧乏性だから」となるわけですが、実際は第1章で紹介したように、知能のバランスが崩れ優先順位がつけられないことで起こっています。

そのバランスを正すのは簡単なことではありません。しかし、片づけが苦手な私はある時、面白いことに気がついてしまいました。

それは**捨てられないものには記憶が詰まっている、**ということ。

プレゼントをもらった包装紙が捨てられないのは「いつか使えるかも？」と考えているからと自分では思っていましたが、本当にそうなのかと心の奥底を覗いてみたら、「プレゼントをもらった時の喜びの記憶」がそれに詰まっていて「捨てられない」となっていたのです。

ただ単に貧乏性だったら、お金が手に入るなどちょっとしたことで改善されるはずですが、「ものに記憶」が詰まっていたら「捨てると記憶が失われる」という怖さで捨てることができなくなります。それは、「自分が自分じゃなくなってしまう」という感じに近いのかもしれません。

記憶は劣化し、美化される

記憶というものは、紙や情報端末などに詳細に記録したり、録画や録音をして何度も見たり聞いたりしない限りは劣化していきます。

私は記憶について、あるアメリカの心の傷の専門家から面白い話を聞いたことがあります。

その専門家のおじいさんには第二次世界大戦の時に日本の捕虜になった経験がありました。そのため終戦直後は「あの憎き日本人め！」と敵意をあらわにしていたそうですが、だんだん年月がたっていくと「日本兵はいいやつで友達だ」というように変わっていった、というのです。

つまり、**人の記憶というものは劣化していくと美化されていく**わけです。

ある時、「自分は楽しい人生を送りたいのに、ちっとも人に対しての憎しみや怒りが変わらない！」という方が相談にきました。私はその方に「もしかして、その憎しみや怒りがわいていた時にメモしていませんか？」と質問をしてみました。

するとその方は、「えっ、なんでわかったんですか？」とびっくりしていました。詳しく話を聞いてみると、記憶力に自信がないから、毎日のように頭に浮かんだ自分の気持ちなどを書いていたとのこと。

そこで私はその方に、まずはメモをやめてもらうように言いました。その方は私の言うとおりにメモをやめると「あっ、変わってきた！」とばかりに、それまで消えなかった怒りや憎しみがだんだんと消えていき、体が自由に動くようになってきたそうです。

人は怒れば怒るほど、体の中で炎症物質が発生してしまい、今度はそれに刺激された自己免疫が暴走して、自分の体を傷つけてしまいます。すると「体がボロボロになって動けない」となってしまいます。

ものに宿った不快な感情を整理する

しかし、記憶が劣化し美化されていくと、怒りから解放されて、自分にも優しくなれ、どんどん体がラクになっていきます。すると、人は不思議なことに美しくもなっていきます。外見が変わるのは、不快な感情から解放されて、自己免疫が自分の体を攻撃しなくなるからです。

たかがものですが、そこにはたくさんの不快な感情が詰め込まれている可能性があって、それが自分を傷つけている、なんて誰も想像できません。

ただ、ものを捨ててしまえば、自分の中の記憶が整理されて、そして自然と美化されていき、美しい人生が送れるようになっていきます（このことは第４章で詳しく触れます）。

ですから、部屋を整理しようと思ったら、まずはなかなか捨てられずに残っている「もったいない」と思うものから思い切って捨ててみることをおすすめします。すると部屋だけでなく、自分の人生も美しく変わっていくことでしょう。

10

呼吸でやる気を呼び覚ます

「できる」を引き出す自己効力感

時々、ネット検索とかスマホゲームとかは息を吸うように自然にできるのに、どうして片づけはできないの？　と不思議になったりします。

その原因は、何度も片づけを「やろう」と決心しては、同じ失敗を繰り返してしまって「無力感」を感じているからかもしれません。

「どうせ自分にはこの状況を変えることができない」とか「自分を変えることなんか無理」ということが繰り返されると、人は無力感（正確には学習性無力感、39ページ参照）に支配されてしまいます。無力感というのは難しい言葉ですが、一般的に言ったら「自分であきらめしまっている」状態です。

この無力感の反対にあるのが「**自己効力感**」です。

これは「**自分がある状況において必要な行動をうまく遂行できる**」、**と自分の可能性を認められている感覚**です。

私のように何度も何度も「片づけをしよう」として失敗を繰り返しているような人は、自己効力感が下がってしまい、「片づけ」に対して無力感しか感じなくなってしまいます。

これに対処するには、再び自己効力感を上げてしまえばいいだけです。ただ、そう言われてみても「そんな簡単にはできないんじゃないの？」と思ってしまうことでしょう。

でも、まったくそんなことはありません。むしろ自己効力感を上げるのは簡単です。なぜなら、自己効力感は「自分がある状況において必要な行動をうまく遂行できる」と認識できるようになればいいのですから。

では、その方法を紹介しましょう。

呼吸をコントロールし自己効力感を高める

もっとも簡単な「この場での必要な行動」って何でしょうか？

それは呼吸です。

「息を吸って」そして「息を吐いて」を繰り返さなければ、誰でも苦しくなってしまいますよね。そこで**自分の呼吸の1・1倍速で自分に「吸って」と命令して、そして同じ速度で「吐いて」と言ってみます。**

なぜそんなことをするのかと言うと、「吸って」、「吐いて」という命令で適切な呼吸を自分にさせている、という感覚になれるからです。これがまさに「自己効力感」です。

呼吸のちょっと手前で「吸って！」と自分がまるで命令してそれがなされているような感じでやっていると、必要な行動をうまく遂行させていることになりますから「自己効力感が上がっていく」となるのです。

呼吸は一分間に成人だったら12～18回しています。その呼吸に対して1・1倍速で命令し、回数を増やすことで「自分は必要な行動をうまく遂行できる！」と

呼吸の速さをコントロール

※1分間の呼吸の回数の目安

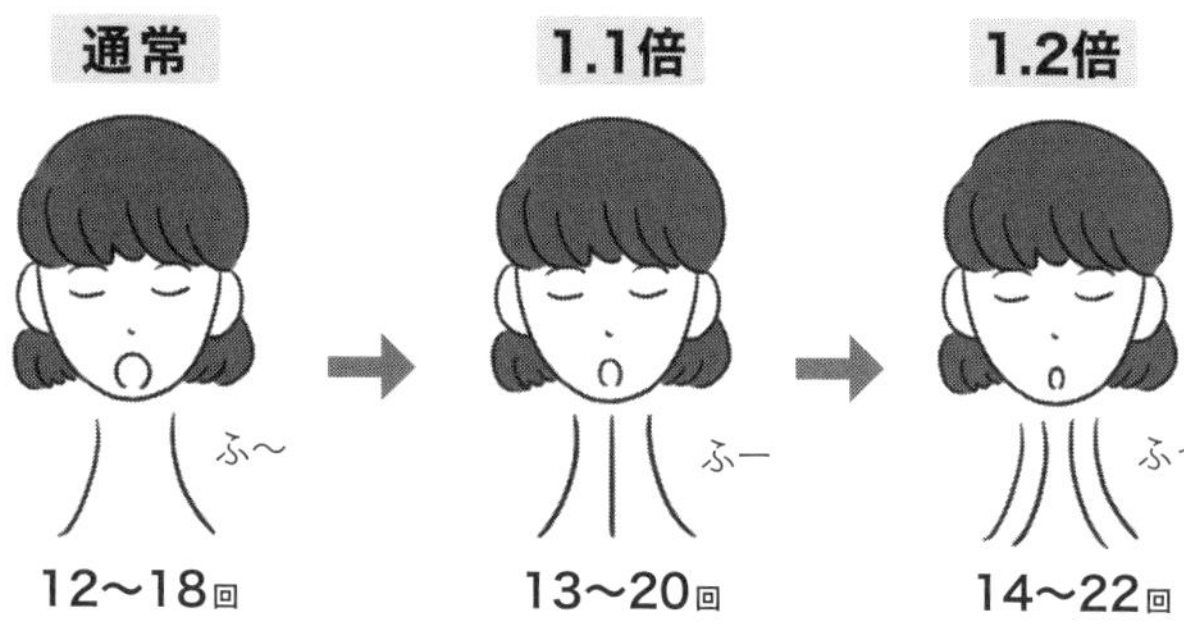

自己効力感を高める

いう自己効力感を高めていきます。

すると不思議なことに「あっ、着々と思ったとおりに片づけられている！」という感じで自分の行動を遂行することができるようになります。

もし、「あれ？　ちょっと自己効力感が足りないぞ！」となったら、呼吸の命令回数を多くしてみるといいでしょう。

また、呼吸の速さを変えてみるのも効果的な方法です。まずは「**1・1倍速から1・2倍速」に速めてみます。**

早めに「吸って！」と命令して、そして「吐いて」と頭の中で呟いてみると「どんどん自己効力感がUPしてきた！」と、他のさまざまなものに邪魔されることなく、目の前の片づけに集中することができるようになります。

その集中力が途切れて誘惑に負けそうになったら、再び「1・1倍速」を使って、自己効力感を高めていきます。そうすれば「どんどん片づいていく〜！」と自分が思っていたことをいつの間にか達成していて、自己効力感がさらに高まります。

職場で実践し環境が変わったある男性の話

ある時、職場の机を片づけることができない、という悩みを持った男性が相談にきたのでこの話をしてみたら「そんなことあるわけないでしょ！」と全否定をされてしまいました。

その男性は、「そんな呼吸に命令なんてくだらないことやったって『自分ができる』なんて気持ちになりはしませんよ！」と馬鹿にしていたのです。

しかし、職場で上司から「お前の机はいつも汚いな」と嫌味を言われ、「また、俺だけ注意された」となった時に「ちょっとやってみるか」とこの1・1倍速を試してみたそうです。

　すると、それまで感じられなかった不公平な上司に対する怒りがわいてきて、机にあった不要な書類を仕分けてあっという間にシュレッダーにかけ、どんどん机の上がきれいになっていったと言います。

　その男性は面白くなって、さらに1・1倍速をやってみると、引き出しにしまっていた、同僚からもらった古いお菓子なども全部ゴミ箱に捨てて、引き出しもすっきり。すると今度は上司が近づいてきて「なんだ！　やればできるじゃないか！」と笑顔でほめてくれ、「俺ってできるかも！」と仕事も楽しくなっていったそうです。

　男性は「あれは、呼吸に命令したからじゃなくて上司に対する怒りが影響したんですよ！」と言っていましたが、実は、めんどうくさい仕事に直面した時や、家の片づけの時に1・1倍速を使ってみていると何気なく教えてもくれました。

こんなふうに呼吸をコントロールするだけで、自己効力感は簡単に上がっていき、ラクに片づけができるようのなるのです。

11

脳のネットワークをオフにして嫉妬から自由になる

他人ではなく自分に目を向ける

ある方が、テレビでアメリカの有名な女性歌手が「自分が嫉妬をするようなコンサートを作るように心がけている」と話していたのを聞き、他の人のことを気にしないためには「自分が嫉妬をするようなことをすればいいんだ！」と気がついた、という話をしてくださいました。

それを聞いて私は「なるほど！　人からの嫉妬を恐れてしまったら何も大胆なことができなくなるけれど、自分が嫉妬するようなこと、としたら他の人からの嫉妬が気にならなくなるのか」と気づかされました。

「え？　そんなことに気づいたってなんの変化も起きないんじゃないの？」と普通だったら思ってしまいそうですが、これにはものすごく面白い仕組みが隠されています。

人間の脳には、相手に注意を向けた時に、相手の脳の状態を真似する「ミラーニューロン」というものがあります。

たとえばこれは、教室で隣の席の子が先生から「ダメでしょ！」と怒られてショボンとなってしまっている時に、私も一緒に怒られたようなダメージを受け、ショボンとなってしまうような状態を引き起こします。このように脳は注意を向けた相手の脳の真似をしてしまうのです。

先ほどの女性歌手が、たとえば「みんながびっくりするぐらいのすごいコンサートをやろう！」と頭の中ですごいコンサートのイメージをしたとしたら、その女性歌手が「みんな」と思い浮かべた人たちへ、脳のネットワークを通じてそのイメージが流れていきます。

するとイメージを受け取った人たちは、「そんなすごいコンサートをするなんてずるい！」とばかりに「ビビビッ！」と嫉妬の発作を起こしてしまいます。

脳のネットワークでのやり取りなので本人たちは自覚できないのですが、そこには嫉妬の発作が起きていて、それが女性歌手に伝わってしまうと、女性歌手の頭の中では「こんなことをやったらまたマスコミにたたかれる！」とか「インターネットで批判されてコンサートの参加者が減る」などの不安が浮かんできてしまい、「あれもダメ、これもダメ」という感じで、魅力的なコンサートができなくなってしまいます。

つまり、**その女性歌手は「自分が嫉妬するようなコンサート」とすることで、「みんな」という脳のネットワークではなくて「未来の自分」だけに注目し、みんなからの嫉妬の発作を無意識に避けようとした**わけです。

「自分が嫉妬すること」を目指せばいい

片づけもこれと同じで、たとえば私のように「母親に怒られないように片づけよう」と子どものころに思っていると、「きれいになった部屋のイメージ」が脳のネットワークで母親に伝わって、それが母親の嫉妬の発作を起こさせます。

「私よりもきれいに片づけるなんてずるい！　ビビビッ！」となるのは脳のネットワークなので本人は意識できません。

「親は子どもが片づけるようになったらうれしいんじゃない？」と普通だったら考えそうですが、子どもは親から怒られれば怒られるほど「完璧に片づけなきゃ！」となり、「母親が片づけたよりもきれいな部屋にしなければ」とイメージしてしまいますから、それに対して余計に「ビビビッ！」と母親が嫉妬の発作を起こしてしまうのです。

そして、その母親の発作が脳のネットワークで子どもに伝わってきた時に「体がだるい」とか「めんどうくさい」となってしまいます。

ほとんどの場合「**めんどうくさい**」と思ったら「**脳のネットワークで誰かに嫉妬されている**」**という可能性が高いと思ってください**。

たとえばきちっとした格好で友達に会いに行こうと思うのが「めんどうくさい」と感じたならば、脳のネットワークで友達の脳とつながり「ビビビッ！」と

「自分が嫉妬するような○○」にフォーカスする

友達の発作が伝わってきて感電してしまっている可能性があります。

しかし、これが「自分が嫉妬するような部屋にしよう」と思ったら、相手は未来の自分なので電気ショックを流してきません。もっと言うと、「自分が理想としているように片づけられる」という面白い展開になります。

何事も「自分が嫉妬するような」ということにフォーカスできれば、どんどん自由になれます。片づけであれば、どんどんものが捨てられ、どんどん掃除が進んで、本当に過去の自分が見たら嫉妬するような部屋にすることができてしまうのです。

12 白か黒かで判断する人は「わからない」で思考を切り替える

「間違っている」or「正しい」の意識的な生活で脳が帯電

私には常に頭の中で「あの人がやっていることは間違っている」とか、「あの人は正しい」という判断をしてしまうところがありました。

「間違っている」or「正しい」。

この考えは私の子どものころからの癖のようなものですが、これも片づけられない私のひとつの原因でした。

人のことを「間違っている」と判断をする自分は「はたして正しい生活を送っているのか？」と振り返ってみると、部屋の中はぐちゃぐちゃで、全てが散らかりっぱなしのまま。親からはしょっちゅう「人の振り見て我が振り直せ」などと言われていたので、人のことを「間違っている」と頭の中でダメ出しをするのだったら、自分も「もっとちゃんとしろよ！」とは思うのですが、本当にちっとも片づけられませんでした。

どうして人に対してはダメ出しができるのに、自分のことがきちんとできないのか？　これって実は脳に帯電したストレスが問題だったりします。

人は「間違っている」といった具合に白黒思考でエラーの検出ばかりしていると、脳の部位で前帯状回と言われる「ひとつの思考から次の思考へシフトチェンジ」しているところが活発に活動し始め、次第に**ストレスの電気信号がたまり、最終的に嫌なことが頭の中でグルグル回って思考が切り替えられなくなってしまいます。**

これが「正しい」or「間違っている」の判断をあまりしない人であれば、脳の部位が静かに活動し、思考のシフトチェンジがスムーズにいくので、たとえ嫌なことがあっても「片づけが自動的にできてしまう」という感じで、考えなくても動けてしまいます。つまり、「思考が切り替えられなくなる」と、「片づけもできなくなってしまう」のです。

「わからない」と自分に言い聞かせる

こういった時に有効なのが**「わからない」と心で思ってみる**ことです。

たとえば、電車の中で「あの人は新聞を広げて人の迷惑を顧みないから間違っている」という普段の思考パターンになりそうになったら、「わからない」として、「正しい」or「間違っている」の判断をやめてしまいます。

信号無視をしている人を見ても「わからない」。

仕事をさぼって囲碁をしている上司を見ても「わからない」。

このようにとにかく白か黒かで判断するのをやめてみると「あれ？　家に帰って嫌な思考がグルグルしない！」となってびっくりします。

そして、机の上にあった書類を分別してシュレッダーにかけている自分がいる

これはいい
白 or 黒
あれはダメ
ピー!!
正しい！
ピー!!
間違っている！
いつまでも考えてしまい
思考が切り替わらない
白黒判断をやめる
ポイ
わからない
ストレスが減り
思考を切り替えやすくなる

ことにまたびっくり。

私は「正しい」ｏｒ「間違っている」の判断をしなければ、自分が間違った方向に行ってしまう、と考えていました。さらに「正しい」ｏｒ「間違っている」の判断をしなければ世の中が大変なことになってしまうとも思っていました。

私がこうした幼児のような思考状態になっていたのは、脳の思考のシフトチェンジがうまくいっていなかったことが原因だったのです。

しかし、「わからない」で白か黒かの判断をやめ、思考のシフトチェンジができるようになると「なんでこれまで自分がモラル警察隊みたいな子どもじみたことをやろうとしていたんだろう？」とおかしくなってきます。

そう思うと「あれって子どものころから脳に帯電したストレスで思考がシフトできなくなっていたからそうなってしまったのね」、などと冷静になることもでき、ちょっと自分がかわいそうにもなります。

「間違っている」と外でも自分に対してもダメ出しをしていたら、どんどん脳にストレスが帯電して、思考の切り替えがうまくできなくなる。でも**「わからな**

い」を使って「正しい」or「間違っている」の判断をやめてしまったら、「ダメ人間になる」と思っていた自分が、せっせと片づけができるまめ人間になっていた。本当にびっくりです。

まめ人間になってもうひとつうれしい変化がありました。それまでメールをもらっても何週間も返信が出せなかったのが、「あれ？　ポンポンと返信を書いている」という自分に変われたのです。

そんな自分の変化を感じた私は、ちょっとだけ自分の脳に「ストレスをこれまでたくさんかけてきてごめんね！」と言いたくなってしまいました。

13

「平均よりも上」を見つけ劣等感を捨てる

パラレルワールドと未来の自分

ある受験生とお話をした時のことです。その受験生は「自分は全然ダメなんです」と悲観的になっていました。ただ、よくよく話を聞いてみると、確かに物理と化学の点数は「もうちょっと欲しいかな？」という感じでしたが、英語の点数はかなりのレベルでした。

でも、本人は「ダメな教科があったら合格できないじゃないですか」と口をとがらせていたのです。

確かに、ダメなところを集中的に勉強しなければ合格はできないかもしれませんが、ダメなところばかり見ていたら「自分はダメだ」という劣等感が拭い去れなくなります。

そして、劣等感があると「勉強に対する意欲が下がる〜」となってしまい、ますます点数が上がらず、劣等感だけがさらに強くなってしまいます。

とはいえ、「やっかいな劣等感を払しょくするために、自分ができているところに注目をしたほうがいいんだよ！」と彼に説明をしたところで、「え〜、そんなことしたって変わりませんよ！」と言われてしまいそうな気がしたので、私は代わりに「**パラレルワールド**」の話をすることにしました。

自分の選択によって未来の自分の運命は変わっていくものですが、パラレルワールドには、その変わっていく未来の世界がいくつもあります。

たとえば、勉強をして合格する未来や、このままテンションが上がらずに勉強ができない未来など、パラレルワールドにはさまざまな未来がたくさん存在していて、未来の自分では「やった〜！」と喜んでいたり、「悔しい！」と落ち込んでいたり、「もっとやっておけばよかった」と後悔していたり、と感じていることもそれぞれ違ってきます。そこで受験生の彼に「物理と化学」に注目して「未来の合格発表後の自分」を思い浮かべた時、どんな気持ちになる？　と質問してみました。すると彼は「悔しい！」という素直な気持ちを表現してくれました。

では、「英語の点数」に注目して「未来の合格発表後の自分」を思い浮かべてみて、いまどんな気持ちになる？　と聞いてみると、「うれしい！」と言います。

では、どちらに注目すべきか……。言うまでもありませんよね。

「平均よりも上」の自分にアクセスする

脳のネットワークというものがあったら、それは光の速さよりも速くて、未来の自分の脳にアクセスすることができてしまう。でも、その未来はいくつもあって、たくさんの違う自分が存在しているわけです。

受験のように努力を積み重ねていく場合は「未来の失敗した自分」から学ぶのはちょっと難しいでしょうから、この受験生の場合は、「成功した未来の自分」に注目して脳をつなげてみます。すると「劣等感なんかいらないんだ！」と彼は簡単に劣等感を捨てることができてしまいました。

そして、平均よりも上の英語の点数にだけ注目して「この英語の点数を取った気持ちで物理と化学を勉強すればいいんだ」と気がつき、嬉しそうに帰って行ったのです。そして、しばらくしたらぐんぐん点数が上がり「志望校が合格圏内に入りました！」とうれしそうにあいさつにきてくれました。


そんな受験生を見て私は、「これまで私が生きていく上で劣等感は必要なものだと思っていたけれど、それって間違っていたかもしれない」ということに気づかされました。

劣等感を持っていると、未来の劣等感を持っている自分の脳にしかアクセスできなくなってしまい、何も変わらず、あっという間に時間だけが過ぎてしまいます。ただこの受験生のように**「平均よりも上」という劣等感にまみれていない自分に注目して、未来の自分にアクセスすると「こうやればいいんだ！」と未来の自分がいろんな気づきを与えてくれます。**

私も「掃除が苦手」という劣等感を捨て、「平均よりも上」の自分を思い浮かべると、掃除をする時は高いところから掃除をすれば、後から掃除機で床にたまったホコリと一緒に取れるよ！（もしかしたら以前に誰かに言われたのかもしれないのですが……）などということが、自然に頭に浮かんできました。

私はそれが、未来のきれいな部屋でゆったりとリラックスしている自分からのアドバイスだと思ってモニターの上にたまっているホコリから掃除をしていきます。すると、上から順番にきれいになっていき、「掃除機をかけたい！」と掃除機までかけられている自分がいて、実際に「すごいかも！」とびっくりしました。

劣等感を抱えた未来の自分ではなくて「平均よりも上」の未来の自分につながってみると、未来の自分が的確にアドバイスしてくれて、それに従ってやっていくことで片づけられる自分に変わっていったのです。

あの受験生の彼にはいまでも感謝しています。

14 片づければ片づけるほど頭の中が静かになる

脳の過剰な電流がなくなるとものが捨てられる

はじめにでもお話したように、私は「片づけられるようになりたい」と、催眠のお師匠さんにお願いして催眠をかけてもらったことがあります。その時、「あれ？　いつもザワザワしている頭の中が静かになった」という不思議な体験をしました。

私の脳はいつも過剰な電気が流れていて、いつも焦ってパニックになっていて、いつも不安でいっぱいだったのですが、その発作が突然治まったのです。

そして、いつもであれば、家に帰り、散らかった部屋を見る度、

「片づけなきゃ！　でもこんなに疲れているから、こんな汚い部屋なんか片づけられるわけがないいか」

とやる前からあきらめてしまっていたのが、発作がなくなった状態で部屋に入ったその時は「あれ？　それほど部屋は汚くないし、簡単に片づけられるかも！」と思えました。

誰でも慌てている時って「何もかもが大変」という感じで、実際よりも大げさに物事をとらえてしまいがちです。

つまり、**いつもの私は、脳が発作を起こしていたから部屋の情報が脳の過剰な電気で歪んで見え、「片づけられないぐらい部屋が汚い」と、実際よりもひどい状態に思い込んでしまっていた**わけです。

それが、催眠で脳の過剰な電流が静かになって発作が治まると、とたんに部屋の情報が適切に見えだし、「なんだ、疲れていても片づけられるじゃない！」と淡々と部屋を片づけて、ものを捨てられるようになったのです。

片づけが催眠状態を引き出す？

　ある時、それと似たような体験をしました。それは仕事で上司に怒られて「もうイヤだ！　こんな仕事を続けられない！」と最悪なことを考えるのが止まらなくなっていた時のこと。仕事をやめようと思った私は、「この部屋も家賃が高いから引っ越さなきゃいけないかな？」と悲観的な気持ちになりました。

　そして、引っ越すんだったら、片づけなきゃ、と思って仕方なしに淡々と片づけていたら「あれ？　どんどん頭の中が静かになっていくぞ！」と不思議な感覚が襲ってきたのです。

　片づければ片づけるほど、頭の中が静かになっていき、挙げ句の果てには「なんで不機嫌な上司に怒られたぐらいで、この世の終わり的な気分になっていたんだろう？」とちょっと恥ずかしくなりました。

　そして、「この感覚って、あの催眠を受けて頭の発作が治まった時と同じだ！」とびっくりします。

淡々と片づけをしていたら、催眠療法で脳の過剰な電気が治まった時と同じような状態になったのです。

この時、部屋の片づけを淡々とやることって、催眠療法と同じ効果があるのではとひらめきました。

そして、催眠のお師匠さんにこのことを話したら「考えないで淡々と片づけをやることで無意識が働いて催眠状態になるのかもしれませんね」とおっしゃって笑っていらっしゃったのをいまでも覚えています。

「淡々と」が脳の発作を抑える

このように頭が発作を起こしてパニックになっている時にあえて片づけをして自分で催眠状態に入り、無意識の状態で発作を鎮《しず》めることが誰でも簡単にできてしまうのです。

コツは、催眠のお師匠さんがおっしゃるように「淡々と」片づけることです。

一人で黙々と片づけをしていると、いろいろなことを考えたくなりそうですが、あえて何も考えないで片づけていると、どんどん頭の中が静かになっていき、それまで見えなかったことが見えるようになり、わからなかったことがわかるようになってきます。

それを繰り返していくと、ちょっと片づけただけでも催眠状態に入れるようになって、すぐに発作が治まり、人生が楽しく見える、という不思議な感覚が襲ってきます。

人生が楽しくないとか、お先真っ暗、と将来を悲観している時ほど淡々と片づけをして催眠状態に入ってみる。すると、きれいになった部屋と共に、目の前には素敵な世界が広がっていきます。

第3章

大嶋式ラクラク片づけメソッド

15

口癖を使って部屋をきれいにする

もしかして「片づけが苦手」という暗示にかかっている？

この章では暗示や無意識を使ってラクに片づけるメソッドを紹介していきたいと思います。何をやっても片づけられないという人はぜひ試してみてください。

まずは口癖からです。私は学生のころ、本当に片づけができない人でした。その理由のひとつとして思い当たるのが、自分でわざわざ片づけられなくなる暗示をかけていたのでは？　ということです。私は、幼いころから友達に「お前の母ちゃん家の中をきれいにしてそう！」とうらやましがられると、なぜか「そんなことないよ、家の中は結構汚いから」と言っていました。その当時は自覚がなかったのですが、いまになって「これは友達から嫉妬されて攻撃されることを恐れていたから言っていたんだ！」ということがわかります。

「お母さんがきれい」とか「家の中が整っている」と友達からうらやましがられて嫉妬され、仲間外れにされるのが怖くて、つい「片づけが苦手」ということを言ってしまう。

「片づけが苦手」ということを友達に言ってしまったら、それが自分への暗示となり、「片づけが苦手でできない」となってしまう。そして「片づけが苦手」が口癖になってしまうと、常に自分に暗示をかけている状態になってしまう。つまり、私は嫉妬を恐れ、自分で片づけられなくなる暗示までかけていたというわけです。ではこの暗示を解くにはどうしたらいいのでしょうか。

ひとつは、逆の暗示をかけてしまう（104ページ参照）という方法があります。でも元々この口癖が出たのは「嫉妬が怖い」というのが理由です。ですのでこの場合、「片づけが好き」というような口癖に変えてみても、その裏には嫉妬を恐れる気持ちがあるのでちっとも片づけられるようにはなりません。

なぜなら、仮に片づけられるようになってもまた、嫉妬されて意地悪されたり仲間外れになってしまうからです。つまり、片づけられるようになるには、「嫉妬が怖い」というのをなんとかしなければならないのです。

嫉妬の発作には無関心で対抗

人からの嫉妬は「弱者」に向きます。そう言われて、「え？　嫉妬って強者に向くんじゃないの？」と思った人もいるでしょう。実は嫉妬は「弱者のくせに優れたものを持っている」ということから起きるものなのです（詳しくは148ページ参照）。

たとえば屈強そうでプロレスラーのような体型の人が偉そうな口調で話していても「生意気！」とは思いませんよね。

そこにヒョロヒョロした弱そうな人が偉そうな口調で話し始めたら「あいつ、生意気なことを言っている！」と攻撃を受けてしまいます。

またプロレスラーのような体型の人が自信なさそうに喋って、言葉遣いを間違えたり、謝ったりして弱者を演じてしまうと「あいつ、頭が悪いくせに！」という感じで周囲からの嫉妬の発作で攻撃されてしまいます。

つまり、「片づけが苦手」という弱者を演じれば「弱者のくせに生意気だ」という感じで嫉妬の電気ショックを浴びてしまうのです。

私は実際に暴言などに曝されていじめられていました。しかし、それがなくても脳のネットワークを通じて嫉妬の「ビビビッ！」という電気ショックが流れてくることで、暴言などを受けたのと同じレベルで「嫉妬が怖い」となっていました。さらに、その嫉妬を恐れて弱者を演じ続ければ、脳のネットワークで嫉妬の電気ショックがさらに流され続けてしまいますから、それを繰り返していると、ある時点で「チーン」と学習性無力感の状態になってしまいます。

なので、ここから脱するために「嫉妬の電気ショックを受けなくする」ということをしてしまうわけです。すると「嫉妬が怖い」とならなくなり、「ラクに片づけができるようになった！」という感じで変わっていきます。

嫉妬を受けなくするには、「人は私に対して無関心」と頭の中で唱えます。

「片づけなきゃ」とか「やらなきゃいけないことができない」といつもだったら気が重くなるその時に「人は私に対して無関心」と頭の中で唱えるのです。すると「あれ？　なんだか重苦しさがなくなった！」という感じでラクに動けるようになります。

すでにご説明したように、人間の脳は注意を向けた相手とネットワークでつながり、相手の緊張感が伝わってきたり、イライラしている人の不快な感覚が伝わってきたりしてしまいます。ですから、「嫉妬が怖い」と怯《おび》えてしまうと「嫉妬してくる人」に注目をしていることになり、嫉妬してくるような人と脳のネットワークでつながってしまいます。そこで**「人は私に対して無関心」と唱え、「自分に対して無関心な人」と脳のネットワークをつなげてしまうのです。そうすれば「嫉妬の電気ショックを受けなくなった！」という感じで、人のことが怖くなくなります。**するとしだいに学習性無力感から解かれていき、「片づけがラクにできるようになった！」と自分のことが好きになってきます。

「片づけが苦手」ということで人から責められたり、怒られたりする時は、「人は私に対して無関心」という口癖を使ってみてください。変化はきっと現れます。

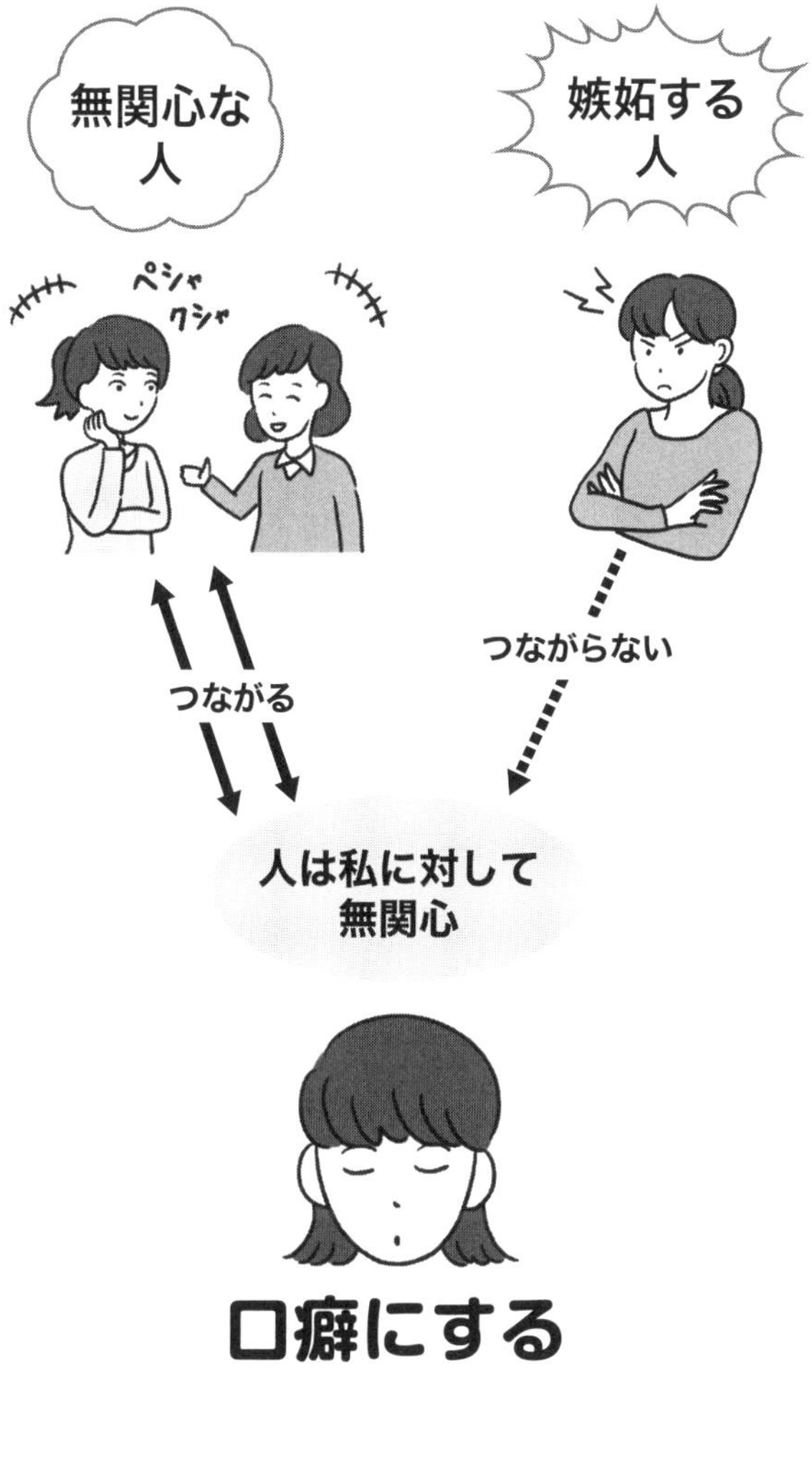
無関心な
人
嫉妬する
人
ペシャ
クシャ
つながる
つながらない
人は私に対して
無関心
口癖にする

16

「片づけなければ」の思い込みをやめてみる

「やるべきこと」が頭の中にあふれる

第1章で「言語性知能」と「動作性知能」のバランスが崩れると優先順位がつけられなくて、片づけられなくなるという話をしました。次はそのバランスを整える方法を紹介します。

とその前にこの二つの知能のことをもう一度おさらいしておきましょう。

「言語性知能」は理解力があり、算数、単語の暗記などが得意な人ほど発達しているという知能、そして「動作性知能」は積み木を組み立てたり、探し物をしたり、仕事などの作業をする時に必要な知能でした。

このうち言語性知能だけが高いと「あれもやらなきゃ、これもやらなきゃ」という感じで、やるべきことをたくさん考えられますが、その一方で「やるべきこと」が頭の中にたくさんたまってしまい、それに優先順位がつけられなくなってしまいます。つまり、動作性知能が言語性知能について行けないと「何から優先していいのかわからない」という感じで固まってしまって、動けなくなり、片づけができなくなるわけです。

イメージとしては、言語性知能が高ければ高いほど「ジグソーパズルのピースが細かくてたくさんある」という状態。かたや動作性知能が高ければ高いほど「視力がよくてよく見える」という状態、となります。

ですので、**言語性知能が高くて、動作性知能がそれほどでもないと「細かすぎてよく見えず、ピースのどれとどれをくっつけたらいいのかわからない！」となってしまう**のです。

逆説の暗示で片づける

このように「片づけようといろいろ考えても片づけられない！」という時は**「片づけなければをやめる」と唱えてみる**ことが大事です。

「片づけなければをやめる」というのは片づけることを考えることも、実際に片づけようとする努力もしない、ということ。

言語性知能が高い人は「考えなければ片づけられないでしょ」と思ってしまいがちですが、それを考え始めてしまったら、その細かさに動作性知能がついてこられず、実際に片づけられなくなってしまいます。

ですから、家に帰ってきた時などに「片づけなければをやめる」と頭の中で唱えてみるのです。すると、一時的にでも片づけのことを考えるのが止まるので、「パズルのピースが細かくならない」という感じになります。

すると「あれ？　いつもだったら部屋の中にゴミが落ちていても拾わないのに自然と拾っている自分がいる」などということが起こります。

つまり、「片づけなければをやめる」と自分の中で唱えてみることで体が自動運転のように動き出すのです。

この「片づけなければをやめる」という方法は、実は「**逆説**」というテクニックを使っています。

この「逆説」というテクニックは「大きな牛を何人もの大人がトラックに入れようとしても入れられない」という時に、体が不自由な子どもが「僕だったら簡単に入れられるよ！」と言ったことで発見されました。

その体の不自由な子どもがどうやって牛をトラックに乗せたのかというと、まず牛の尾を思いっきりトラックと反対方向に引っ張ります。

そして子どもが「いいよ」と手を離した時に、牛は「ドドド」とトラックのほうに走っていったのです。

言ってみれば、いつも「片づけたいのに片づけられない」と思っているのが「トラックに乗らない大きな牛」の状態。それを反対方向に引っ張るのが「片づけなければをやめる」という言葉です。汚い部屋を見て「片づけなきゃ」と思ったら「片づけなければをやめる」と自分の中で唱えてみる。すると逆説が働いて「考えないで片づける」という感じになり、言語性知能が高い人でもパズルのピースを細かくする前に体が自然と動けてしまうわけです。

これを**繰り返し唱えていると、どんどん逆説が働いて、まるで片づけ好きになったかのように自然と部屋を片づけていくような面白いことになっていきます。**

逆説の暗示で体調もよくなる？

ある女性は「本当に私は片づけられなくて家がめちゃくちゃなんです」と困っていたので、このお話をしました。

すると「そんなことあるわけないでしょ！　しかも私はいまその話を聞いて逆説の仕組みを知っちゃったんだから」とちょっとがっかりした顔をしました。

その時私は、「この方法はこの方には向いていないのかな？」と思ったのですが、次の回にお会いすると「あれ？　ちょっとお顔が美しくなっている」と、その女性の変化に驚きました。

話を聞いてみると、女性は「なんだか体調がよくなったから、ちょっと部屋の中が片づけられるようになったんです」と言います。

そこで私が「もしかして『片づけなければをやめる』を唱えましたか？」と意地悪な質問をしてみると、「確かに、妙にその言葉が気になって、職場の机の引き出しを見た時とか、アパートに帰った時に頭の中で唱えていました、でもやっぱり、片づけられるようになったのは、体調が前よりもよくなったからで、あの言葉を頭の中で唱えたからじゃないです」と言っていました。

ただ、ひととおり話が終わるとその女性は「『片づけなければをやめる』という言葉は面白いですね！」と、素敵な笑顔と共に一言残して帰っていかれたのでした。

17

無意識に任せて自動片づけ

恒常性が片づけの邪魔をする？

人間には「**恒常性**」という機能があります。

これはどういうものかと言うと、たとえばお酒を飲んだ時に「キャー！　楽しい～！」と楽しい気持ちになった後に、「う～、もう絶対にお酒なんか飲みたくない」と最悪な気分になるのは、この恒常性が働き**体の状態を「真ん中に戻そう」としている**から、ということを神経心理学の先生が私にわかりやすく教えてくれました。

ちょっとした嫌なことがあって「あいつムカつく！」とものすごく怒って注意をしてしまい、後になって「あ、あんなことまで言わなきゃよかった」という感じで後悔するのも「恒常性」が働くからです。

「あいつめ〜！」と怒りのホルモンが分泌されると、それを真ん中に戻すために、怒りのホルモンを緩和するホルモンが分泌され、「あんなことをしなきゃよかった」という感じになってしまうのです。

片づけで言えば、「絶対にきれいに片づけなきゃ！」と決心すると、「緊張のホルモン」が分泌され、それと一緒にそのホルモンを「まあ、そんなに緊張しなくていいじゃない！」と緩和するホルモンも分泌されてしまいます。

そして、その**決心が固ければ固いほど、緊張のホルモンの分泌量が多くなり、緊張を緩和させるホルモンもバリバリ分泌されてしまいます**。こうなると「まあいいか！」といい加減な感じになってしまいます。

つまり、「やらなきゃ！」と気合を入れれば入れるほど、「ちっとも片づけられない！」と厄介なことになってしまうわけです。

そこでわかってきたのは、私が片づけられないのは、「意志の力が弱い」からではなくて、意志の力が強すぎたから「ちっとも考えたことができない」となっていたのだということ。たぶん、頭の中に人よりも何十倍も「片づけなきゃ」という意識があったため、それを真ん中に戻す、というホルモンが人よりも何十倍も分泌されてしまい、意識した方向に進めない状態になっていたのです。

寝起きに無意識を起動する

そんな時に有効なのが「**無意識の力**」です。

無意識の力とは「意志の力」とは逆で「普段は全然意識していない力」を言います。呼吸は意識してやっていないので「無意識の力」。ですから、「自分で意識をしてちゃんと呼吸を整えなきゃ」と思ったら息苦しくなってしまいます。

心臓も自動的に動いてくれていて、緊張状態が高まれば自動的に速さを調節してくれます。

まばたきなども「目が乾くからしなくちゃ」と思わなくても「無意識」がきちんと調節してくれています。

つまり、その「無意識の力」を使って片づけをしてしまおうというのです。

方法は簡単で、**寝起きに「無意識の今日1日のスケジュール」と思うだけでOK**。すると頭の中に「バーッ」と複数のイメージがわいてきます。

イメージがはっきりわいてこなくても大丈夫。わけのわからないイメージでも問題はありません。あとは、無意識が自動運転で「片づけ」をしてくれます。ただ、「無意識のスケジュール」で見たものを書いたり、意識して「それをやらなきゃ」と思うことだけはしないようにしましょう。

私の場合はこんな感じです。「無意識のスケジュール」をイメージしてから起きてみると「あれ？　いつもより歯を磨いて顔を洗う時間が早い」となります。これはテレビを見ながらダラダラしないでやっている自分がそこにいたから。そして、テーブルの上に散らかっていた「大切な書類かもしれない」と捨てられずにいたDMを全部抱えてシュレッダーの前に持っていき、中身を確認しないまま次から次へと裁断してしまいます。

さらにシュレッダーがいっぱいになったら、中身をゴミ袋に入れて玄関に置き、散らかっていてホコリだらけだったテーブルをきれいに拭いて「あ〜、スッキリした〜！」と爽やかな気持ちになります。

まさに「あれ？　私は考えないで行動しているぞ！」という感じで自動的に動いていて、「この中に大切な記事があるかもしれない」と思って取っておいた新聞や雑誌を何も考えずにヒモで括り、先ほどのシュレッダーのゴミと共に、アパートのゴミ置き場に出しに行きます。

そうしたら、今度はゴミ出しが止まらなくなって「後で出せばいいや」と思って放置していたゴミなども捨てに行っている。そして、ひとつの部屋がゴミ置き場状態になっていたのがスッキリしたら、キッチンに行って皿を洗い始めます。「もしかして、本当は私ってものすごくきれい好きなのかな？」と片づけるのが止まらなくなりそうになって、ちょっとびっくりしながら、皿をしまい終わった時点で、仕事に出かける支度をします。すると、いつも「遅刻しちゃう！」とギリギリにしか出ることができなかったのが、あんなに片づけをしても時間が余っていて、駅までダッシュで走っていたのも、気づけばゆったりとリラックスして歩いている。嘘みたいですが「これが無意識の力」なのです。

寝起きに唱える！　憶えなくてOK！
無意識の
朝食
ゴミ出し
買い物
仕事
モヤモヤ
何か?
今日の1日のスケジュール
ムニャ
ムニャ
無意識を起動

✓無意識の暗示で片づけられない自己暗示から脱出！

実はこれも「暗示」なのです。

片づけが苦手な人は「片づけを意識したらできなくなる」という自己暗示にかかっています。その代わりに「無意識が自動的にやってくれる」という暗示を寝起きに入れるわけです。

「無意識が自動的に片づけてくれる」という暗示を入れると「自分を責める」ということをしなくなり、思ったように行動できなくしてしまう緊張のホルモンの分泌が軽減され、「ラクに動けるようになった」となります。さらにここで「無意識が自動的にやってくれる」という暗示が効果を発揮して「自分が片づけたいと思っていてできなかったことをラクに片づけられるようになった」という変化を起こす、というわけです。

本当に「無意識の今日の1日のスケジュール」と寝起きに思ってみると、面白いことが起きます。これは素敵な暗示です。

18

自分のためでなく異性のために片づける

「片づけなくちゃ」と思っても手足がうまく動かない

私はその昔、「ゴミ箱に投げたゴミが入らなかった」という時でも「その場で拾って入れればいいじゃない！」と思いながら「できない」人でした。

気づいたら片づける、ということを繰り返していたほうが絶対にラクなはずなのに「後でやればいいや」と思ってしまって放置してしまうのです。

そして、後になると「ホコリがたまっているから吸い込んだら鼻水が止まらなくなる」という理由でさらに放置を続け、最終的に私の部屋のルームメイトが「いい加減にしろよ！」と怒りだす、などということを繰り返していました。

私としては、手かせ、足かせをつけられ、「思ったことができない」という不自由な感じで、「片づけなくちゃ」と思ってもうまく動けないのです。もちろん、そのことは誰にも理解してもらえませんでした。

それがある週末、不思議なことが起こります。金曜日になると寮の男性は「デートだ！」と恋人と一緒に街へ繰り出していきます。私とルームメイトは、恋人がいない、まったくモテない二人だったので、「男二人で映画にでも行くか」という感じで毎週末惨めな思いをしていました。

ルームメイトは「恋人なんかできたら成績が落ちる」と女性には興味がない様子でしたが、私はそうではなく、ふとした時に「女の子を部屋に誘いたい！」と思わずルームメイトに宣言してしまったのです。すると、不思議なことに「あれ？」という感じで私の手足が軽くなったのを感じました。

それまでは、部屋を見ると「片づけなきゃ」と思いながらも重い手かせ、足かせがついているような感じで「片づけられない」となっていたのが、気がついたら買ってから一度も使ったことがなかった掃除機をかけているのです。

絨毯に掃除機をかけたらホコリが飛んで鼻水が止まらなくなる、と思っていたことも、「あれ？　ぜんぜん平気！」という感じで掃除機をかけ続け、絨毯が見違えるようにきれいになります。

そうしたら、どんどん部屋をきれいにするのが止まらなくなって、汚れていた鏡も洗面のシンクもピッカピッカになります。

「女の子が呼べる部屋になった！」という感じでものすごく部屋がシンプルできれいに整ってみると、「誰かを部屋に入れると汚くなるから呼びたくない」という気持ちになったから笑えました。

高尚な目標より下世話な目標

「なんで突然片づけや掃除ができるようになったの？」というのには、面白い仕組みがありました。それは、私の「片づけ」に対する姿勢でした。

「片づけができないダメ人間」と思っていたから、「片づけられるようになって、もっと素晴らしい人間にならなきゃいけない」と私は子どものころからずっと思っていたわけです。

この「素晴らしい人間になる」というのが〝**高尚な目標**〟になります。イメージ的には芥川龍之介の『蜘蛛の糸』のように地獄のどん底から「片づけをしてきれいになる」という一本の希望の糸をつたって天国に登ろう、という感じ。

すると、同じ地獄にいた人たちが「おまえだけ天国にいくのはずるい！」ということで、下から登ってきてしまい、「なんで私の足を引っ張るんだ！」と思ってしまったら「ブチッ！」と蜘蛛の糸が切れてしまう……。

要するに「天国に登る」というような高尚な目標を持ってしまうと「あなただけずるい！」と周りの人たちから足を引っ張られてしまうのです。

私の場合は「片づけをして部屋をきれいにしていい人間にならなきゃ」というのがそれ。これまで再三お話ししてきましたが、人間には「脳のネットワーク」というものがあって、私が「片づけよう」とすると、その背後にある「天国に登る」というような高尚な目標が周りの人たちに伝わってしまい、足を引っ張られてしまいます。

ところが「女の子を部屋に呼びたい」という**下世話な目標**にしたとたん、「天国に登りたい」ではなくなるから、「あれ？　誰も足を引っ張ってこない」となって思った通りに自由に動ける、という面白いことになるわけです。

人間は「高尚な目標」を掲げた相手に対して自動的に嫉妬の発作を起こしてしまって「ずるい！」と脳のネットワークで足を引っ張ってきます。

ですから「下世話な目標のために片づけをする」ということに変えてしまえば「足を引っ張られなくなった！」となり自由にものを捨てたり片づけたり、と部屋がどんどんきれいになり、本来の自分の姿に戻ることができるのです。

たとえば「部屋をきれいにして両親を呼んであげたい」というのは高尚な目標になります。嫉妬を回避するためにはできるだけ下世話なほうがいいので、パートナーがいても「パートナーがいない時にイケメンを呼べる部屋にする」という目標のほうがいい。

実際にイケメンを呼びなさい、ということではなくて、目標を下世話にすればするほど「あれ？　ラクに片づけができるようになった！」ということが実感できるからそう言うのです。

たとえば「パートナーを喜ばすために片づけをしよう」とすると「高尚な目標」になってしまうからできなくなります。

これが、「パートナーが部屋に居づらくさせよう」という意地悪な目標に変えると「おー、片づけができる！」という感じで楽しくなってきます。

「お金が入ってくるように片づけをする」というのも「金運を与えてくれる神様からお金という祝福がもらえるため」という高尚な目標になってしまいます。

ですから「ものすごく稼げる人の部屋にしよう」という下世話な目標に変えることで「おー、どんどん部屋がシンプルになってきれいになる！」という感じで脳のネットワークで嫉妬という足かせをつけられずに自由に動けるようになります。

体がどうしても動かない時は「**高尚より下世話**」をぜひ試してみてください。

19

敏感な自分レーダーをオフにしてラクに片づけ

敏感すぎるレーダーで嫌な気分が抜けない

私は「いろんなものに敏感」であることは、自分にとってとても大切なことだと思っていました。たとえば、人の気持ちに敏感で「ちょっとした人の不快感でも気がついて気遣いができる」とか、「ちょっとした自分の言動の失敗でも気がついて反省ができちゃう」というのがとても大切だと思っていたのです。

人にはそうした不快を察知するレーダーがあって、そのレーダーが鈍感であればあるほど他人を不快にし、感度がよければ「人のことを不快にさせないはず」

と、私はずっと信じていました。ただ、そのようなことで私の「不快察知レーダー」はいつも反応しっぱなしになっているので、心の中は「嫌な気分がいつまでたっても抜けない」という感じになっていたのです。

たとえば、お店でちゃんとレジに並ばない人にレーダーは敏感に反応して「なんで?」と嫌な気持ちになる。他の買い物客はまったく気にしている様子がないので「自分だけがこのレーダーのせいで損をしている」という感覚にもなってしまう。

コンサートに行っても、隠れて撮影や録音をしている人をレーダーで察知してしまって、それが気になってせっかくのコンサートが楽しめない。

電車に乗るとレーダーの感度がよすぎて、「周りの人を不快にする人しか目に入ってこない!」となり、「も〜、嫌だ!」という気分になる。

そんなどんよりした気分で家に帰ってきたら、「ここも、あそこも片づけていない、汚い!」と今度は自分に対するダメ出しが止まらなくなる。

このように、レーダーが敏感すぎるため、いつまでたっても、私の嫌な気分は抜けないのです。

心理学では「人は学習して慣れる」ということを学びます。であれば「不快感もレーダーで毎日感知していたら慣れる」はずですが、ことこれに関してはちっとも慣れないし、どんどんレーダーの感度が上がっていく一方で、「ますます敏感さが増していく!」となっていたわけです。

では、そうならないためには、どうしたらいいのでしょうか?

スイッチをオフにするとラクに片づく

答えは簡単で、「不快察知レーダーのスイッチをオフ」にしてしまえばいいのです。なぜなら「不快」を察知するレーダーを敏感に働かせれば働かせるほど脳が過剰に活動してしまい「どんどん感度が上がる」となっているのですから。

やり方は、スマホにしてほしいコマンドを音声で伝えるように**「不快探知レーダーのスイッチをオフ」と自分の頭の中で唱えるだけ。**スイッチが入る度にこれを繰り返していくと、感度が高かったレーダーのスイッチが次第に入らなくなります。はじめは、「不快察知レーダーをオフにして大丈夫なのか？」と不安になりもしました。でも、実験的にやってみたら面白いことが起こります。

「不快察知レーダーのスイッチをオフ」とやっていると、以前だったら電車に乗っていて嫌な人しか目につかなかったのが、「あっ、席を譲ってくれるやさしい人がいた」となんだかうれしい気分になります。

このように「なんで自分には不快な人ばかり近づいてくるのかな？」と思っていたのがレーダーをオフにしてからは「不快な人が近づいてこなくなった」と不思議な変化が起きて、家に帰ってきてからも「嫌なことが思い出せない！」となるから、部屋がどんどんきれいになっていきます。

そう、不快なことに疲れていると、片づけができなくなるのです。でも、不快を敏感に察知するレーダーをオフにしてみたら、「家に帰ってから片づけられる

不快察知レーダーのスイッチをオフにすると……

力が残っている！」とちょっと得をした気分になります。

そうして部屋が片づいて、掃除までしていい気分になると、今度は次第に自信がついてきます。

すると、たとえば職場でいつも人に気を遣っていて、損な役回りをしていたのがなくなるなど、ラクに仕事ができるようにもなってきます。


不快察知レーダーを手放してみたら、それまで常に危機状態で絶望的な感覚だったのが、すっかりそこから解放され、さまざまなものを捨てることができ、「自由」で「ラク」に生きられるようになっていくのです。

20

自分を縛りつける暗示を解き、催眠状態で片づけ

目の前に見えないものを見る？

「催眠なんかに私はかからない！」とほとんどの人が言います。

でも、「片づけられない！」と相談にくる人を見ていると、「それって自分で催眠をかけてしまっていますけど！」となっていることが多いものです。

人は「目の前に見えないものを見る」ということで、簡単に催眠状態に入ることができてしまいます。

だから「さあ、片づけよう！」と思った瞬間に「また、私はだらだらしてやらないんだろうな」と、だらだら過ごしている自分の姿を思い浮かべてしまうと、

「目の前に見えないものを見る」という状態になって、「催眠状態」に入ってしまうのです。その「だらだら過ごしちゃう」という状態が〝暗示〟となっているわけですね。

催眠は他人によってもかけられますが、このように自分自身が「目の前に見えないものを見る」ことでも簡単に催眠状態を作り出せ、さらに「片づけができなくなる暗示」や「状況を変えられない暗示」を入れることができ、自ら「ちっとも自分は変わることができない」という現実を作りだしてしまいます。なので、この「片づけられない」という人が知らずに使っている「催眠」を逆に利用します。

これもやり方は簡単です。

タイミングは「片づけよう」と思って、「それができない」という自分を想像し催眠状態を作りだした時。つまり、目の前に見えないものを見たその時が「暗示」が一番効くチャンスになります。

いつもだったら「思っているけどできないダメな私」という暗示を入れてしまうところを「**催眠状態で片づけをする自分**」と頭の中で唱えてみて暗示を入れて

しまいます。すると、その暗示が催眠状態で見事に効果を発揮して、「あれ？何も考えないでものを捨てているかも！」という感じになります。

暗示のかかった状態は本来の自分じゃない？

ある女性が「部屋の掃除が苦手なんです」と悩んでいたので、この話をしたら「そんな自分で催眠にかけるような暗示なんか使えるわけがないでしょ！」と笑われてしまいました。

私も、「確かに催眠療法を実際にやったことがない人にこの方法は難しいかな？」と半分あきらめていましたが、その女性は次にきた時に、「先生、あれもしかしたら使えるかも！」と言ってくれたのです。

女性は、それまで床の拭き掃除をする時、「もしゴキブリがいたら」と想像してしまい、冷蔵庫の下などは拭き掃除なんて「できない」と思っていました。

しかし、そんな想像をした時に、「催眠状態で片づける自分」と唱えてみると

「あれ？」という感じでいらない雑巾を絞って、何も考えずにゴム手袋をはめて冷蔵庫の下を拭いていたと言うのです。

すると次は、大量のホコリが拭き取れて、ゴキブリなんか気にならず、逆に「気持ちがいい！」となって、さらに拭き掃除がしたくなり、掃除が止まらなくなってしまった、と笑顔で話してくれました。

でも、女性は「この催眠って悪用したら危ないんじゃないの？」と心配した顔で聞いてきます。

そこで私は、「いや、普段の自分が自分に対してかけている『できない』という暗示のほうが強烈な催眠であって、この暗示は、その自分の暗示を解く役目をしているだけなんです」と説明をしました。

そう、**この暗示は、「自分で催眠状態を作り出し、暗示をかけて自由に動けなくなっている」、その状況から脱するもの**なのです。

すると女性は「いままで暗示にかかっていたから汚い部屋に住んでいたの？」

とちょっと驚いた表情。そこで、私が「その暗示を解いてみてどうでしたか?」と逆に質問をしてみると、「あの片づけや掃除ができなかった私って、本当の私じゃないんだ！」と目を丸くされ、「きれい好きな私が本来の私」とうれしそうに帰っていかれました。

「催眠状態で片づける自分」という暗示で、普段自分を縛っている暗示を解く。すると本来の自分の姿を見ることができるのです。ポイントは「目の前にないものを見ている時」です。ぜひ試してみてください。

第4章

片づけで人生はこんなにも輝く

21

片づけで過去が変わり、人間関係も変わる

脳のネットワークで過去の自分とつながる

片づけや掃除ができなかった時と、できるようになった時の明らかな違いは「人間関係」にあります。

一般的には「片づけができるようになったら自信がついた」とか「片づけで自己肯定感が上がったから」という理由で人間関係が変わるとなります。

でも、それって幼稚園児や小学生が「片づけがよくできましたね！」とほめられて「自分はできる子なんだ！」と自信が持てるようになった、という話のようでもあります。

ですから、「大人が片づけられるようになったからって、いまさら本当に自信が持てるようになって、自己肯定感が上がるの？」と疑問に思ってしまう人もいることでしょう。

私の場合、「片づけがちゃんとできない」という悩みが子どものころからあったので、「自信がない」というのも子どものころからずっと。なので、昨日、今日片づけができたぐらいで変わるわけがない、と思ってしまう気持ちもわかります。

でも、私自身、片づけができるようになってから、明らかに人間関係で、昔みたいに人前でおどおどしなくなっているし、人から嫌われることを恐れなくなったと不思議な自信がついています。

私には、幼いころからずっと変わらず、「片づけができるようにならない」と呪いをかけられているような感覚がありました。

「片づけができないから友達からいじめられるし、どんな人間関係でも蔑《さげす》まれる立場になってしまう」ということをなんとなく子どものころから知っていたのです。

この本の中に「脳のネットワーク」というものが何度も出てきますが、脳のネットワークは人の緊張感などを受け取って、脳の状態を真似てしまうもの。人から嫉妬されてしまうと、相手が笑顔であっても嫉妬の電気ショックが流れてきて「何をやっても失敗しちゃう」という状態になってしまいます。

この脳のネットワークは現代の科学では、その存在を確認することも、そのスピードを測ることもできません。現代の科学で測ることができないのだったら「光よりも速い！」という可能性も考えられます。

もしそれが真実だったら、アインシュタインの理論どおりに「時空を超える」ということが可能になります。であれば、「時空を超えて、片づけができないと悩んでいた過去の自分の脳とつながることができるかも？」となるわけです。

つまり、「片づけ」で悩んでいたら「幼稚園のころの自分と脳がつながっちゃう！」となるかもしれないのです。

脳のネットワークで幼稚園のころの自分の脳とつながることができれば、「片づけられるようになった！」と私が変われた時に、「片づけ」で悩んでいた幼稚園のころの自分がいまの私の脳の影響をネットワークを通じて受け、「こうやって片づければいいんだ！」と気づくことができ、片づけられるようになると私は考えています。要するに**「過去が変わる」という面白いことが起きてしまう**のです。

片づけでどんどん記憶が更新される？

過去が変わるなんてまるでタイムトラベルのような話ですが、もう少し正確に言うと、過去の記憶が変わるのです。

いまの私が「片づけられるようになった！」とか、「掃除が楽しくなった」というのを幼稚園のころの私の脳がキャッチして「片づけるのが楽しい！」という感じに過去が変わって行くと、「なんだか自信がついてきた！」となります。

すると「過去の自分が変わった」ことで、現在の自分が「あれ？　なんだかどんどん自信がついてきた！」とか、「人前で堂々としていられるようになった！」と変わっていくのです。

そして、現在の自分が変わることで、さらに過去の自分も脳のネットワークで影響を受けて「どんどん過去が変わっていく！」となるから、現在の自分も「なんだか仕事での人間関係でもすごいことになってきた！」と面白い展開が起こったりします。私も「片づけができたぐらいで何も得になることはない」と思っていましたが、それは違っていて、自信のない自分や人間関係でダメな自分を作りだしてしまった過去の自分が変わりました。

そして、過去の自分が変われば、現在の自分が影響を受けて、どんどん違った自分になっていく……。それはまさにバタフライ効果のようでもあります。

このように**片づけが楽しくなっていくと、自分の中の過去の記憶がどんどん書き換えられ、さらに、周りの人の記憶もそれまでとは違ったものになっていきます。**「片づけ」を意識し続けることで私の幼い自分の脳が影響を受け、過去の記憶は変わり、「ちっとも精神が成長していない子どものまま」と、精神的に止まっていた成長がどんどん促進され、「本来の自信がある自分」に変わることができる。

こうして「片づけで過去の自分を救うことができる」と思ってみると、片づけがもっと楽しくなってきます。

過去の自分につながり記憶が変わる

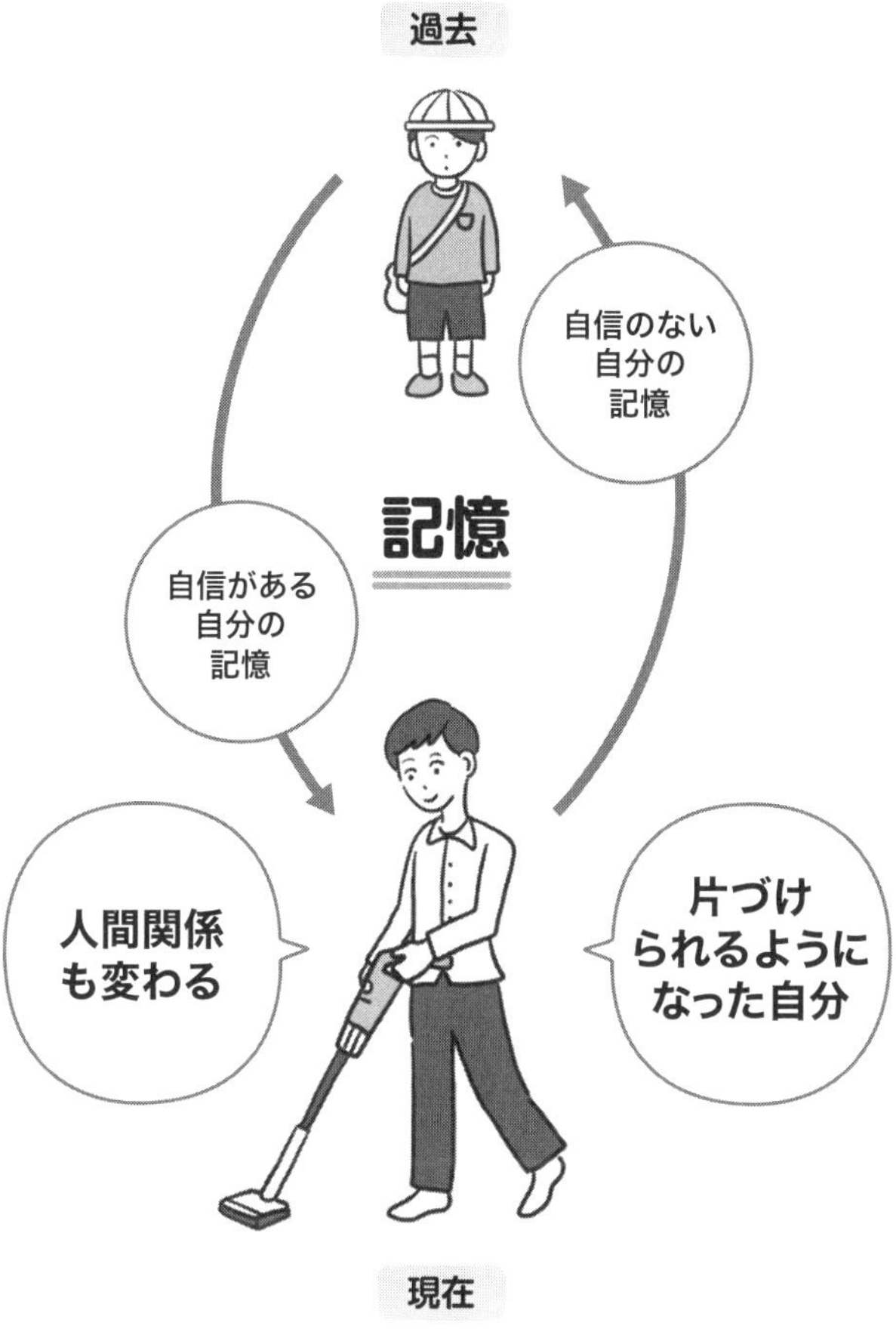

22

片づけができるとチャンスを逃さなくなる

片づいていないといつも緊張状態になる

人は片づけができるとチャンスを逃さなくなります。実際に、いろいろな人が「なんで片づけができるようになるとチャンスを逃さなくなるのか」ということをさまざまな理由で解説しています。

脳的には、部屋や台所、そして会社の机の上などが「片づいていない」と気になっていたら、ずっとそのことが脳を刺激してしまいます。

わかりやすくいうと、「ずっと心のどこかで片づけなくちゃ」と自分を責めてダメ出しをしている感じです。

この「片づけていない」状態が常に脳を刺激していると「脳は常に緊張状態」となってしまいます。そして、脳が緊張状態になると「落ち着きがない」となってしまいます。

すると、いつも何をやっていても、ソワソワした感覚、焦っているような感覚があり、落ち着くことができず、「チャンスを逃す」ことになります。

「短気は損気」と言いますが、落ち着きがないため、見事にチャンスを逃してしまう、ということが起きてしまうわけです。

一方でチャンスを逃さない人は、その瞬間に「おりゃ〜！」と緊張のホルモンが分泌され、「チャンスをものにする」ことができます。

緊張のホルモンは「戦うｏｒ逃げる」ために「頭がフル回転になる」とか、「筋肉がガンガン動く」という状態を作り出してくれます。

ところが、普段から緊張のホルモンが多く分泌されると「チャンスがきた」となった時に、「あれ？　さっきまであった緊張のホルモンが分泌されなくなってしまった！」という感じで頭が働かず、真っ白になり、チャンスを逃してしまいがちです。これは34ページで紹介したことと同じ原理です。

しかし、**片づけができるようになると、頭の中が静かになります**。これは「片づけていない」というダメ出しがなくなって、脳を刺激しなくなるから。そうなると家にいても落ち着いて座っていられるようになります。

以前だったら、テレビをザッピングして「チャンネルが定まらない」となっていたり、「インターネットで動画検索が止まらない」となっていたのが、何もしないでゆったりと落ち着いていられる。

以前だったら「ああでもない、こうでもない」と考えて、そしてチャンスが目の前にきた時に「あ～あ！」という感じで逃してしまって、後になって「なんであの時にチャンスを逃してしまったんだろう？」と反省と後悔ばかりしていたのが、「片づけができる」となってからは、頭が静かになって、人前でも落ち着いていられるようになり、楽しめるようになる。

以前だったら「人前にいると、人の気持ちを考えるのが止まらない」となっていたのが、「人前でこんなに落ち着いていられるんだ」という感じになり、「どんどんチャンスが巡ってくる」ようになる。

その変化は本当に不思議なくらいです。

ものを捨ててチャンスをつかむ

確かに誰だって「緊張が高い人」に近づきたくはありません。私だってそうです。逆に緊張が低くてリラックスしている人が目の前にいたら「こっちの人のほうが安心できる」という感じで近づきたくなります。

チャンスも同じで、**「片づけができる」となって緊張が低くなったらどんどん近づいてきてくれて、たくさんのチャンスとお友達になることができます**。ですから、片づけをしてリラックスできるようになると、次から次へとチャンスが巡ってくるようになるのです。

このようなことを「お店を開業したけどちっともお客さんがきてくれない！」

と悩んでいた男性にお話ししました。

その男性は、いつも緊張が高く、何を話しても「本当にそれをしたらお客さんがくるんですか？」と問い詰めるような口調で話してきて、私でも「あーあ、これは大変だな」と思ってしまうほどでした。


お客さんがきても、こんな緊張感だったら、「もう寄りつきたくないな」と思ってしまうもの。ですから「どんどん片づけてしまって、脳を静かにして緊張を下げちゃいましょう！」とその男性にお伝えしました。


その男性は本当に真面目だったので、お店にあったムダなものをバンバン捨てて、そして家の中まで「片づいていない」というところがないぐらいまで、きれいさっぱり、さっさとやってしまったそうです。

すると次の回にお会いした時には「あれ？　この人って同じ人？」と思うぐらい緊張が低くなっていました。

前にきた時は「沈黙が怖い」という感じだったのが、話すのが止まって二人の間に沈黙が流れてもそれが心地よい。そして、私はその男性から質問されると以前だったら「尋問を受けている」という感覚になっていたのがなくなって、「楽しく会話ができる」という状態になっていました。もちろん片づけによって変われたその男性のお店にも、自然とお客さんがくるようになりました。

その男性はチャンスを片づけでしっかり引き寄せて、逃がさなかったのです。だから、片づけは面白いのです。

23

片づけでどんどん美しい本来の自分に戻っていく

嫉妬は人から表情を奪い魅力を消し去る

「片づけ」ができるようになると「自由に動けるようになって美しくなる！」ということが起こります。

その仕組みはシンプルで、**「片づけ」ができると周囲の人から嫉妬されなくなるから、**そうなるのです。

人は「嫉妬される」ということを無意識に恐れています。嫉妬は動物的な発作であり、脳内に「ビビビッ！」と過剰な電流を発生させてしまいます。その電流が脳のネットワークを伝って自分に流れてくると自分の脳も「ビビビッ！」と感電してしまうのです。

この本でも度々紹介してきましたが、心理学研究で「学習性無力感」というものがあります。犬をゲージに入れておいて泣いても騒いでも「ビビビッ！」と電流を流していると、ある時に「チーン！」と無力状態になってしまう、あれです。

この犬の例と同じような感じで、人から嫉妬の電流を浴び続けてしまうと、学習性無力感の状態になってしまい、何も抵抗できなくなってしまうのです。

この学習性無力感の状態は、人から表情を奪い、その人の「魅力」というものを一切消してしまいます。

「片づけができない」人は、嫉妬の対象になってしまう

98ページで、嫉妬は「弱者」に向けられるとお話ししましたが、もう少し詳しく言うと、**嫉妬の発作というものは「自分よりも下の立場の人間が自分よりも優れたものを持っている」という条件で起きます。**

たとえば、すごい家に住んでいるすごい芸能人に対して、通常は嫉妬の発作は起きません。

ところがその芸能人が「脱税をしていた！」とか「スキャンダルを起こした！」となった時に、そのニュースを見た人は「あの芸能人は自分よりも下の立場」と認識し、「ビビビッ！」という嫉妬の発作を一斉に起こしてしまいます。

嫉妬の発作を起こした人は破壊的な人格になりやすいので、インターネットで破壊的な言動が止まらなくなり、炎上してしまいます。

もちろん「片づけられない人」ということでも「この人は自分よりも下」という立場で認識してしまうので、相手は動物的な発作を自動的に起こしてしまって、片づけられない人は「電気ショック！」を浴びせられ、学習性無力感の状態になってしまいます。

ただ、ここで片づけられない人は「？」となります。確かに「片づけができない」というので「弱者」になるから「自分よりも下」と思われるのはなんとなくわかる。でも「自分よりも優れたものを持っている！」なんてあり得ないでしょ、と考えてしまうわけです。

私は**そもそも嫉妬されるようなものを持っている人が「片づけられない」となっていると考えています**。自分が嫉妬されるようなものを持っていないと考えるのは、実は自分が気づけていないだけで、人には見えているのです。

実際に、片づけられるようになると「片づけられない弱者」が自分の中からいなくなり、周囲の嫉妬の電流が減ります。「あれ？　なんだか自由に動けるようになったぞ」というのがその証拠です。

そして、さらに片づけていくと、「あー、私にはこんな素敵なものがあった」とホコリの下に埋もれていた自分の才能や素敵なものがどんどん発掘されてきて、人が自分の何に嫉妬していたのかがわかるようになってきます。

この時にはじめて片づけられない人は「私には何も嫉妬されるものはない」というのが間違っていたことがわかるのです。

片づけで嫉妬から解放されると本来の自分が輝く

人からの嫉妬を防ぐためにしていたことが、逆に嫉妬の発作を引き起こして、本来の自分がホコリとものにまみれて薄汚れた感じになっていた……。

しかし、片づけができるようになってみたら、埋もれていたものがたくさん出てきて「あれ？　自分がどんどん美しくなっていく！」と思えるようになります。

つまり、**「片づけができない」という弱者にならなければ嫉妬の発作を浴びない、ということが無意識でわかるから「どんどん本来の自分に戻って美しく生きよう！」と輝いていける**わけです。

そして、最終的に嫉妬するような人たちは、自分の周りから消え去り、自分と同じような美しい人たちが近寄ってきて、嫉妬のない自由な世界で自由に羽ばたいて生きられるようになっていくのです。

24

片づけで過去に引きずられた日々とサヨナラする

嫌な記憶が一気によみがえる

私が「片づけられない」となっていた時は、「片づけられないもの」を見た時に「あ〜、嫌だな〜」という気分にさせられてしまっていました。

この「嫌だな」と思っているのは一瞬である、と普通の人は思ってしまいますが、それは違います。

ものには記憶が条件づけられます。

つまり、「嫌な体験をした時の記憶」というのが、そのものに宿っているのです。それも「ものすごい時間数」の記憶で、それを「嫌だな」と思った瞬間に一

気に感じてしまいます。たとえば、歯医者の領収書が片づけられないで、机の上に放り出してあったら、「歯医者に行った時に、何度も麻酔を刺されて怖い！　痛い！」という感覚を自分の意識が働いていないところで感じています。

一瞬のようでものすごく長い時間、嫌な思いというのが頭の中で引き出されている。つまり、ものがたくさんあればあるほど、過去の記憶に引き戻される、という体験を知らないうちにたくさんしているのです。

だから片づいていない、ものだらけの部屋にいると、「気がついたらちっとも時間に余裕がない！」となるわけです。

自分では「なんでこんなに時間に余裕がないんだろう？」と不思議に思うのですが、これが片づけられるようになると「あれ？　時間に余裕がある！」と変わってきます。それは、**記憶がものに条件づけられなくなり、過去に引き戻されなくなったから**なのです。

片づけは心の傷を癒やす

「時間に余裕がない」という時は、ものに記憶が条件づけられていて、ちょっとしたきっかけでタイムスリップをしてしまい、「何度も悪夢を繰り返す」ということをしてしまいます。

私も「片づけられない」という状態に陥ってしまった時に、「悪夢を見る」という体験を何度もしています。

資料が部屋に散乱してしまって「どれも捨てられない」となった時に、夢の中で「明日、テストなのに授業も出ていないし、試験勉強もまったくやっていない！」と焦ってしまって絶望的な気分になっている夢を見るのです。

実はトラウマ（心の傷）があると、いつまでも悪夢を見続けてしまいます。しかも悪夢を見てしまうと、過去に起きたことなのに、いま起きているかのような感覚にさせられます。

でも、片づけをすると「あれ？　以前の悪夢が消えてしまった」となるのです。これは**心の傷が癒やされたのと同じ効果がある**と言えるでしょう。

心の傷の治療では、何度も話をして記憶を整理しなければなりません。これは、本人にとってものすごく苦痛なことです。しかし、それが「片づけをするだけで記憶が整理される」のであれば、なんとラクなことでしょう。

みなさんもそう思いませんか？　私も自分で片づけができるようになって、「あれ？　これって心の傷を癒やすのと一緒だ！」とちょっと感動しました。

いつまでも消えずにあった嫌な感覚が消えて、目の前のことに集中できる。集中できると「時間がない」と焦っていた時のことが懐かしくなるぐらい「時間に余裕がある」という感じになっていく。

私の場合、時間に余裕がありすぎて「いっぺんに四冊分の原稿を引き受けちゃった！」なんてアホなことをやってしまいます。

でも、片づけをして記憶を整理してみると、過去に引き戻されなくなるから、以前のように「原稿がちっとも進まない！」ということはありません。

ちょっと書き出しては、過去に引き戻されて、書いていた記憶が途切れて、また書き直し、という時間のムダがなくなって、「いまここで」という感じで集中して書き続けている。

「四冊も同時に引き受けて物理的に時間に余裕がない！」というのは確かにありますが、心の余裕はあって、豊かな時が私の中で刻まれているのです。

片づけによって、心の傷はいつの間にか癒やされ、美化され、美しい時が流れていく、そんな感じです。

25

片づけで未来はこんなにも輝く

不幸な未来を予測していた私

すでにご説明したように、捨てられないものに記憶が条件づけられて「過去は変わらない」となっていたものが、片づけができるようになってからは、「過去が変わる」というふうになってきます。

それと一緒に気がついたことがあります。それは、「片づけられない」となっていた時は、「未来が絶望的」に見えていたということ。

私は子どものころからよく「未来」を想像していました。でも、いつも見えていたのは「大学受験を失敗して、就職もうまくいかず、定職にもつけなくなり、夢も希望も持てなくなる」という未来でした。

その未来は、本当にはっきりと見えていて、それはもう確信のようなものでした。「私ってもしかして未来のことが読めるサイキックなの？」と思ってしまうほど、自分の不幸な未来が見えてしまうのです。

そして、自分が予測した不幸な未来が見事に現実になっていく、という不思議な体験をたくさんしてきました。

人間関係でも「喧嘩をして二度と会わなくなる」とか、「一緒にいたら必ず関係が壊れる」などと未来が見事に読めてしまう。

すると、必ず予測していた未来が訪れ、「あーあ、やっぱり思ったとおりになった」と絶望的な気分にいつもなっていたのです。

「予測できるんだったら、回避もできるし、絶望的な気分になる必要なんかないでしょ」と普通は思うことでしょう。

でも私の場合は、その先の不幸の予測も現実になる、ということがわかるから余計に絶望的な気持ちになってしまいます。

誰からも見放され、孤立して、惨めな人生を生き続けるという、それは、それは本当に不幸な予測です。

記憶の条件づけがなくなると未来の選択肢が増える

しかし、片づけができるようになると「あれ？　過去が変わった」となったと同時に、「未来の不幸な予測もしなくなった」となって、自分でもびっくりしました。以前はあんなに読めていた未来が、まったく読めなくなったのです。

最初のうちは特殊な能力を失った気持ちになり、ちょっと落ち込みました。自分でも笑ってしまいますが、「これを恐れていたから片づけをしなかったのか？」とさえ思いました。

でも、読めなくなった理由が後になってわかります。

片づけをして自分の周りから「記憶の条件づけ」がなくなると、「過去」が変わっていき、今度は「未来」がどんどん変わっていきます。正確には未来にありとあらゆる輝ける選択肢が広がっていく感じです。

そうして、未来の選択肢が増えれば、私の予測のちょっと斜め上をいくような感じで、これまでとは違い「未来の予測」がまったく当たらなくなってきます。

さらに以前だったら「こうなる！」と予測すると、その不幸は必ず現実となって私を襲ってきたものが、いまは、不幸なことを考えても、すぐにその予測は煙のように消え去ってしまいます。なぜなら、片づけてしまって私の周りには過去に引き戻すものがないからです。

自分でもよく思い切ってあんなに捨てたなと思うのですが、「もったいない」というよりは、「自分の過去が変わらないのが嫌だ」という思いで、バリバリ捨てることができてしまったのだと思います。

そして、**全て思い切って捨てて、片づけてみたら、過去の思い出に縛られることがなくなって、自由になり、未来の選択肢が自分の目の前にどんどん広がって輝いている**のです。

過去は美しく変わり未来は輝き始める

私は片づけられるようになるまで一度だって「自分の未来が輝いている」などと思ったことはありませんでした。

「年齢を重ね、少しだけ賢くなったから、未来が輝くなんて思えるようになったのか」とも考えましたが、それもどこか違います。

自分としては、片づけをすればするほど若返っている感覚。

ありとあらゆる可能性が目の前に広がっているような若者の感覚で「自分の未来はわからない」と思っているところがあります。

私は、自分の記憶を条件づけているものを捨て、片づけてしまっているので、過去の記憶がどんどん劣化していきます。それは「自分には何も積み重ねてきたものがない」とも言える状態です。

感覚的に言うと、これまでの人生で積み重ねてきたものが何もなくて、真っ白なキャンバスが目の前にある感じ。

それはまるで、これから、自分が何をやろうか？　どんなふうに楽しもうか？

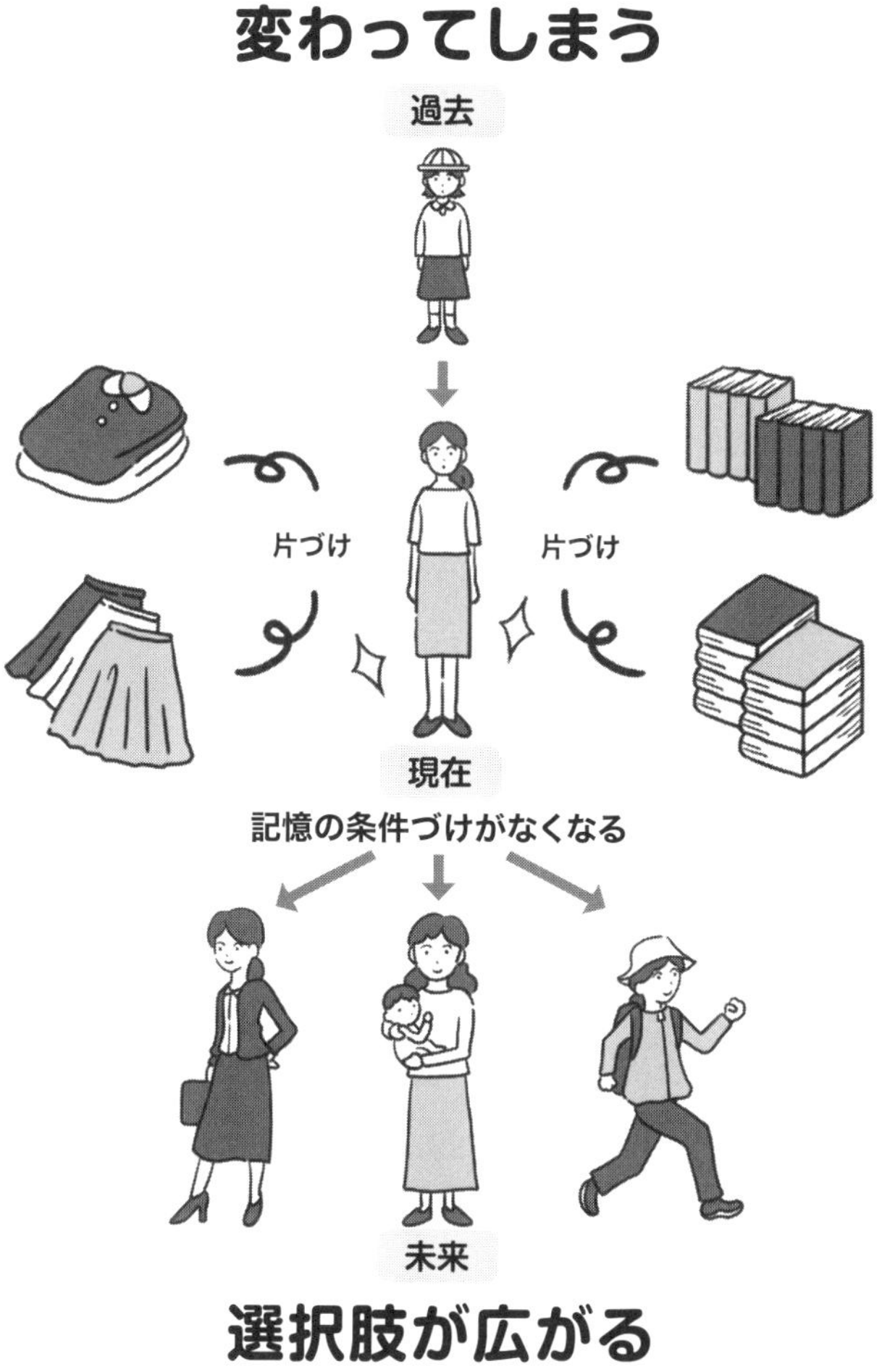
変わってしまう
過去
片づけ
片づけ
現在
記憶の条件づけがなくなる
未来
選択肢が広がる

ということを自由に描けるかのようでもあります。

身の回りのものを片づけてしまったら、自分には何も残っていなかった。何も残っていないから、どんな絵だって、どんな未来だって、その何もない真っ白いキャンバスの上に描くことができてしまう。

その絵は誰にどう思われようと関係ない。

なぜなら、何を言われても、すぐに片づけてしまう私は、記憶がものに条件づけられておらず、美しく過去が変わってしまうから。

そして、美しく変わった過去が、再び真っ白いキャンバスに新たなる光の輝きを映し出していくのです。

おわりに

いかがでしたでしょうか?

「いまから片づけをやってみよう!」

そう思っていただけたならこんなにうれしいことはありません。

片づけができると、これまで悩んでいたことがふっと消えたりします。

「えっ、そんな簡単に消えたりする?」なんて思ってしまいそうですが、実際に消えるのです。

その理由は、この本でもお話したように過去が変わるからなのですが、最後にそのことについて、私が実際に体験したエピソードとともにあらためてお話できたらと思います。

「ものが片づけられない人」には「記憶力に自信がない」という特徴があったりします。

これは「片づけてしまったら記憶が抜けてしまう」と思ってしまうことから「ものが片づけられない」となっているのですが、本人にはその自覚があまりありません。

たとえば、あなたの職場で机の上に書類が積み重なっていて崩れそうになっている人がいたとします。

あなたは親切心から「少し片づけてあげよう」と思い、崩れかけているその書類を整えてあげました。

するとその人に「なんてことをしてくれたんだ。あれはあの状態じゃなきゃ、どこに何があるのかわからなくなるだろ」と怒鳴られてしまう、などという悲しいことが起こったりします。

常識的には「乱雑に置いていたほうがわからなくなり、整理しておいたほうがわかりやすくなる」と思うのですが、人によっては「乱雑なほうが記憶しやすい」からこうなるのです。

つまり、この人にとって「片づけない」というのは、「記憶を失わないため」という役割をしているわけです。

第1章や第4章で紹介したように、「ものには記憶が条件づけられる」という特徴があります。

しかし、過去にものすごく厳しい先生からひどい目に合わされて「うわ〜、地獄だ〜」と思っていたことでも、片づけをしてしまって「ものに記憶が条件づけられる」ということがなくなると、「あの先生はいい先生だったな〜」と記憶が美化されていきます。これは記憶には「劣化する」という特徴があるから。

大変だった思いがあればあるほど、ものに記憶が強く条件づけられますが、その記憶が条件づけられたものを片づけないままでいると記憶はなかなか劣化せず、「あいつめ〜、いつか恨みを晴らしてやる〜！」という感じになりやすい。

しかし、片づけをして、記憶の条件づけられたものが身の回りからなくなってしまうと、「あの体験は自分にとって宝物」という感じで美しい思い出に変わっていきます。

だから、片づけをすればするほど、「いままでどんなに悩んでいたこと」でも、ふっと消えていくわけです。

ただ、これは「記憶が劣化して悩みが消えた」、というようなシンプルな仕組みだけでそうなっているのではなく、本当は「片づけをして記憶の条件づけがなくなったら過去が変わる」ということが起きているから「美しく記憶が変わっていく」のだと私は考えています。


この本でも脳のネットワークは時空を超える、ということを書きましたが、私が、それを実体験したのは、幼いころに友達に遊んでもらえなくて、一人で凧揚げをしていた時でした。

空高く上がっている凧を見ていると、突然「大丈夫だからね。あなたはものすごいことになるよ!」という声が頭の中に響いてきて、「なんだこれは!」と思ったのです。それからというもの、私の中に「自分はいつかすごいことになる！」といういわれのない自信が生まれ、それまで「友達がいない」と悩んでいたことがふっと消えて、「一人でも大丈夫」と思えるようになったのです。

時は流れ、大人になり、片づけができるようになった私は、催眠のお師匠さんから過去の自分に会いにいく、という治療を受けました。

その時に、浮かんできたのが、あの一人で凧揚げをしている自分でした。もちろんあの時のことなどすっかり忘れていたにもかかわらずです。

そして、お師匠さんから「その自分にどんな声がけをしてあげたいですか？」と聞かれると、自然と「大丈夫だからね。あなたはものすごいことになるよ！」と涙を流しながら声をかけたのです。そこで初めて「あっ、これはあの時に自分が聞いた言葉だ！」と思い出しました。

過去が変わる。

もし、片づけができず、あの幼い惨めなころの記憶がものに条件づけられた状態のままだったなら、「過去」は変わらず、私はいつまでも惨めなままだったのかもしれません。

私が言いたいのは、単純に「片づけをして記憶を劣化させる」ということではなく、「片づけ」には過去を変える、という効果がある、ということです。

全てのものを捨ててしまって、記憶の条件づけを消した時に「過去が変わる」のは、いまの自分が変わるからであり、今の自分が変わると過去の自分に対する声がけも変わり、自分自身が美しく輝いていくのです。

記憶が変わっていくのは、過去がどんどん移り変わっていくから。

そして、自分が美しく変わっていくのは、何度も悩み抜いて生きてきたから。

つまり、いくつもの経験を通して自分が賢くなればなるほど、豊かな経験のもとで過去の自分に的確な知恵を提供することができる。

そして、その知恵を使って過去の自分が悩みから解放されていく……。

このように片づけによって、過去は固定されることなく、自由に揺らぎながら変化を続けて、美しい思い出を紡ぎ出していきます。

「片づけって本当に素敵なものですね」

みなさんもそう思いませんか？

この本がみなさんの毎日をラクにし、人生を輝かせることを切に願いつつ、ここで筆をおきたいと思います。

最後までお読みいただき、本当にありがとうございました。

２０１９年12月　大嶋信頼

本文イラスト／並河泰平
本文デザイン／辻井　知（SOMEHOW）

著者紹介

大嶋信頼（おおしま・のぶより）

心理カウンセラー。米国・私立アズベリー大学心理学部心理学科卒。

アルコール依存症専門病院、周愛利田クリニックに勤務する傍ら、東京都精神医学総合研究所の研究生として、また嗜癖問題臨床研究所付属原宿相談室非常勤職員として依存症に関する対応を学ぶ。嗜癖問題臨床研究所付属原宿相談室室長、株式会社アイエフエフ代表取締役を経て、現在、株式会社インサイト・カウンセリング代表取締役。短期療法のFAP（Free from Anxiety Program）療法を開発し多くの症例を治療している。

著書に『無意識さんの力で無敵に生きる』『見ない、聞かない、反省しない』（以上、青山ライフ出版）、『「いつも誰かに振り回される」が一瞬で変わる方法』『「すぐ不安になってしまう」が一瞬で消える方法』（以上、すばる舎）、『「気にしすぎてうまくいかない」がなくなる本』（あさ出版）、『「自己肯定感」が低いあなたが、すぐ変わる方法』（PHP研究所）、小説『催眠ガール』（清流出版）等多数。


片《かた》づけられない自分《じぶん》がいますぐ変《か》わる本《ほん》　〈検印省略〉

2019年 12 月 21 日 第 1 刷発行
2023年 3 月 19 日 第 6 刷発行

著　者――大嶋 信頼（おおしま・のぶより）
発行者――田賀井 弘毅

発行所――株式会社あさ出版
〒171-0022 東京都豊島区南池袋2-9-9 第一池袋ホワイトビル 6F
電　話 03 (3983) 3225 (販売)
03 (3983) 3227 (編集)
F A X 03 (3983) 3226
U R L http://www.asa21.com/
E-mail info@asa21.com

印刷・製本 (株) シナノ

note http://note.com/asapublishing/
facebook http://www.facebook.com/asapublishing
twitter http://twitter.com/asapublishing

ISBN978-4-86667-182-6 C0030